乡村文化振兴的构建形式探究

张 俊 王锐丹 杜丽华◎著

重庆出版集团 重庆出版社

图书在版编目 (CIP) 数据

乡村文化振兴的构建形式探究/张俊，王锐丹，杜
丽华著.—重庆：重庆出版社，2023.8
ISBN 978-7-229-17948-9

Ⅰ.①乡… Ⅱ.①张… ②王… ③杜… Ⅲ.①农村文
化－文化事业－建设－研究－中国 Ⅳ.①G127

中国国家版本馆 CIP 数据核字 (2023) 第 170401 号

乡村文化振兴的构建形式探究

XIANGCUN WENHUA ZHENXING DE GOUJIAN XINGSHI TANJIU

张　俊　王锐丹　杜丽华　著

责任编辑：钟丽娟
责任校对：李小君

重庆出版集团
重庆出版社　出版

重庆市南岸区南滨路 162 号 1 幢　邮编：400061　http://www.cqph.com

北京四海锦诚印刷技术有限公司印刷

重庆出版集团图书发行有限公司发行

E-MAIL:fxchu@cqph.com　邮购电话:023-61520646

全国新华书店经销

开本:787mm×1092mm　1/16　印张:8.75　字数:218 千
2025 年 1 月第 1 版　2025 年 1 月第 1 次印刷
ISBN 978-7-229-17948-9

定价:68.00 元

如有印装质量问题,请向本集团图书发行有限公司调换 023-61520678

前　言

当前，社会经济快速发展，人民的物质需求很大程度上得到满足，对精神文化的需求也越来越强烈。但在追逐精神文化需求的过程中，不难发现我国的文化建设特别是乡村文化建设与日益增长的经济建设相比明显滞后，远不能满足人民日益增长的美好生活需要。乡村文化产业模式相对单一、乡村文化传承主体接续不畅、乡村负面文化冲击加剧等问题与乡村全面振兴和人的全面发展不协调，阻碍了人民群众文化幸福感的提升。

中国共产党第十九次全国代表大会提出实施乡村振兴战略，顺应了亿万农民对美好生活的向往。中国共产党第二十次全国代表大会提出，要全面推进乡村振兴，坚持农业农村优先发展，加快建设农业强国。目前，乡村文化的发展不尽如意，离实现乡村全面振兴和社会主义现代化的目标还有一定的差距，因此，在新时代背景下振兴乡村文化是当前亟须解决的重要课题。基于此，特撰写《乡村文化振兴的构建形式探究》一书，以期做出有益探索。

本书共六章。第一章为乡村文化振兴的基本认识，内容包括乡村文化振兴的内涵阐释、目标分析和时代意义；第二章为乡村旅游文化振兴的构建，主要探讨旅游文化在乡村旅游中的重要性、乡土文化与乡村文化旅游资源开发，以及乡村旅游文化振兴的可持续发展；第三章为乡村产业文化振兴的构建，在对乡村产业文化的内涵及特征、产业文化对乡村振兴产生的影响进行分析的基础上，结合新时代的产业要求，思考如何用文化IP赋能乡村产业融合发展；第四章为乡村生态文化振兴的构建，主要内容涉及生态文化与乡村发展、乡村生态文化建设对策、特色乡村生态文化景观打造；第五章为乡村文化教育推进乡村文化振兴，对乡村教育的文化阐释及价值选择、推进乡村文化振兴的教育理论、乡村学校教育促进乡村文化发展进行探讨；第六章为城乡融合发展与乡村文化振兴探究，内容包括我国城乡融合发展的现实基础、城乡融合视域下乡村文化振兴的困境、城乡融合视域下乡村文化振兴的路径。全书理论与实践相结合，内容深入浅出、通俗易懂，既具有专业的深度，又具有较强的指导性与实用性。

在本书的撰写过程中，参考和借鉴了大量国内外相关专著、论文等理论研究成果，从这些论文、专著中，作者受益匪浅，在此，对这些专家们一并表示感谢。在本书的撰写过程中，笔者虽力求完美无瑕，但恐有不足之处，对此，望各位专家、学者批评指正，并提出宝贵意见。

目　录

第一章 乡村文化振兴的基本认识

第一节 乡村文化振兴的内涵阐释

一、文化

"文"就是"记录、表述和阐释","化"的意思就是"探究、理解和吸收"。① 按照通常的解释,文化是人类所创造的物质文明和精神文明的总和。事实上,文化作为人类所创造的一种独特的东西,它的意蕴显然更为复杂。人们习惯把文化归结为人类创造的物质和精神文明成果,当谈及我国文化时,人们总会想到相应的文化成果,如古代四大发明、四书五经等具象化的物品,这表明文化的内涵凝结在劳动成果上,蕴含着人类的价值理念,体现着人的生存状态和生活方式。正如梁漱溟所言,文化"不过是那一民族生活的样法罢了"②。西方用拉丁文"culture"表示文化,原指土地开垦和耕种,后引申为对人的培养和教育,与我国古代《周易》所说的"观乎人文以化成天下"有异曲同工之妙,同指教育教化之意,这表明文化是后天培养的,是人融入社会必备的基本素质。而人类学家爱德华·泰勒指出文化是包括知识、信仰、道德、法律、习俗,以及其他所有人作为社会成员所获得的一切能力和习惯。③

二、乡村文化

乡村文化是相对于城市文化而言的,是一种区域性文化,主要指共同生活在乡村区域的农民创造的一种文化形态,它依赖乡村社会特有的自然环境和人文环境,是以农民为主体,以农耕文化和传统文化为依托而建构起来的一种具有区域特色的地方文化。乡村文化有广义和狭义之分,广义上的乡村文化,是指长期生活在乡村地区的农民在生产和生活实践中创造的物质财富和精神财富的总和。狭义上的乡村文化,是指在一定的社会经济条件下形成的以农民为载体的文化,主要指精神活动方面,它反映的是农民的思想观念、知识

---

① 郭晓君. 中国农村文化建设论 [M]. 石家庄:河北科学技术出版社,2001:72.
② 梁漱溟. 东西文化及其哲学 [M]. 北京:北京师范大学出版社,1992:15.
③ [美] 爱德华·泰勒. 原始文化 [M]. 连树声译. 桂林:广西师范大学出版社,2005:36.

水平，以及在长期的生产实践活动中形成并积累下来的深层心理结构，如思想观念、价值取向等。

三、乡村文化振兴

范建华和秦会朵从三个维度阐述了乡村文化振兴的内涵，即乡村文化振兴是对优秀传统文化的继承与创新、是传统优秀伦理文化与社会主义核心价值观的有机结合、为世界文化多样性提供中国样本。① 乡村文化振兴不仅关系乡村精神文化建设，也影响乡村经济、政治、社会、生态等方面的发展，着力解决影响乡村社会发展的突出短板，更加注重发展的全面性，体现了新时代的新要求。乡村文化振兴也要实现从"有"到"优"的提升，这对农民自身素质，乡村文化、道德、风气建设提出更高的要求，《中共中央　国务院关于实施乡村振兴战略的意见》中明确了乡村文化振兴的具体内容：一是明确乡村文化的指导方向，强化基层党组织的引领作用，加强乡村思想道德建设。二是守住乡村文化的根脉，继承乡村优秀传统文化，吸收借鉴人类文明成果。三是加强乡村文化基础建设，健全乡村文化服务体系、巩固乡村文化的物质和人才基础、繁荣发展乡村文化产业、培育乡村文化建设人才。四是培育乡村文明新风尚，推进乡村移风易俗建设，加强乡村科普宣传教育。

第二节　乡村文化振兴的目标分析

一、传承创新优秀传统乡村文化

在长达几千年的时间里，中华民族以土地为生，形成了一整套有序的生产和生活方式，蕴含着传统文化的思想精髓和价值理念，孕育了厚重的农耕文明。长期研究"三农"问题的专家朱启臻认为乡村文化可分为四大类：一是农耕文化，包括农学思想、耕作制度、农业技术等，特别是农耕文化中包含的"应时""和谐""守则"等思想内涵，倡导尊重自然，提倡人与人、人与自然要建立和谐共生的关系，在今天依然拥有宝贵的价值和积极的现实意义；二是乡村手艺，如建筑、刺绣、酿造等技艺；三是乡村景观文化，包括田园景观、社会生活和自然景观等；四是乡村节日与习俗，包括衣食住行、婚丧习俗、民间信仰等。② 振兴乡村文化，就要把这几类文化进行深入挖掘、梳理，传承创新，不断赋

---

① 范建华，秦会朵. 关于乡村文化振兴的若干思考 [J]. 思想战线，2019（4）：86-96.
② 朱启臻. 乡土文化建设是乡村振兴的灵魂 [J]. 河南农业，2021（8）：1.

予时代内涵、丰富表现形式，充分发挥乡村文化在凝聚人心、教化群众中的重要作用。

二、弘扬乡村传统美德

在长期的发展过程中，先民们边改造自然，边适应环境，形成了安土重迁、守望相助、勤劳节俭、自力更生、耕读传家、敬老扶幼等传统美德，这些美德成为促进乡村发展的精神动力和不竭源泉。近年来在市场经济浪潮的冲击下，乡村经济发展迅速。但同时市场经济的经济杠杆也对传统乡风美德造成了很大冲击。乡村文化振兴就是要以社会主义核心价值观引领乡村文化建设，加强道德教育，发挥示范引领作用，大力弘扬乡村传统美德，使勤俭节约、自力更生、敬老爱幼等优良作风在乡村地区蔚然成风，促进乡村地区的和谐稳定。

三、培育乡村文明风尚

乡风文明是乡村振兴的重要目标和保障。党的十九届五中全会将"社会文明程度得到新提高"作为"十四五"时期经济社会发展的主要目标之一，2021年出台的中央一号文件《中共中央 国务院关于全面推进乡村振兴加快农业农村现代化的意见》明确提出，到2025年"乡村面貌发生显著变化，乡村发展活力充分激发，乡村文明程度得到新提升"[①]。作为乡村振兴的灵魂，乡风文明建设对提振农民精神面貌、全面实现乡村振兴、提高全社会文明程度都具有重要意义。乡村文化振兴就要大力推进乡风文明建设，引导干部和乡民移风易俗，开展文明创建活动，营造崇德向善、文明礼让的社会新风尚。

四、发展特色乡土文化

中国乡村由于气候条件、地理环境不同，自然禀赋差异较大，由此形成了异彩纷呈、丰富多元的特色乡土文化，成为乡村振兴和实现农民富裕的重要文化资源。十八大以来，国家出台一系列文件大力推动乡村特色文化产业发展。这些文件的出台，为乡村特色文化产业发展指明了方向。值得注意的是，当前在乡村文化资源开发中还存在一些问题，有些地方虽有底蕴深厚的历史文化资源，却"抱着金碗要饭吃"，特色文化资源未得到系统梳理，内涵挖掘不足，载体创新不足，没有衍生出特色文化产品以及相关的产业链，浪费了宝贵的文化资源，错失了发展机会。乡村文化振兴的目标之一就是要大力发展地方特色乡土文化，深挖地域文化特色，发展特色文化产业，促进乡村文化产业发展。

五、增强乡村文化认同

乡村文化认同是乡民们对世代延续并传承下来的在地文化的价值认同，是对"生

[①]中共中央 国务院关于全面推进乡村振兴加快农业农村现代化的意见［N］．人民日报，2021-02-22（001）．

于斯长于斯"的在地自然文化以及生产生活文化的认可和接受。这种文化认同既是传统乡村得以延续和发展的"内生动力"，也对乡村振兴有着重要意义：一是可以聚人心，提高乡村社会的凝聚力。乡村文化认同实际上体现的是乡民对生养自己的乡土的一种深深的依赖和眷恋心理，这种依赖和眷恋可以增强村民的归属感，最大范围地增进乡民的情感认同，汇聚起乡村振兴的磅礴力量。二是增强乡民的文化自觉，坚定文化自信"文化自觉的前提是正确认识和正确评价自身文化的历史地位和历史作用"，如果农民对养育自己的乡村文化没有正确的认知和基本的认同，那么何来的文化自信？建设乡村的热情和激情又从何谈起？乡村文化振兴就是要唤醒乡民的文化自觉，引导人们重新审视乡村文化的价值，唯有认识到其价值，才能真正增强情感认同；唯有增强了情感认同，才能坚定文化自信，看得见乡村文化面临的机遇与困境，才愿意自发、自觉、自愿地保护和推动乡村文化发展。[1]

第三节　乡村文化振兴的时代意义

一、乡村文化振兴是实现乡村全面振兴的精神动力

乡村振兴包括产业、人才、文化、生态、组织五个方面的振兴，文化振兴作为乡村振兴的灵魂，能为乡村全面振兴提供精神动力和智力支持，推动乡村文化产业结构优化升级、激发文化发展内生动力、促进乡村生态的可持续发展、推进乡村文化治理现代化。

（一）有利于推动乡村产业结构优化升级

文化与产业密不可分，产业振兴为文化发展提供物质基础，文化振兴为产业发展提供重要资源。我国是农业大国，乡村社会以农业生产发展为主，产业结构相对单一，乡村文化振兴作为铸魂工程，能促进乡村产业结构升级，推动乡村一二三产业融合发展，实现传统农业、旅游业的转型升级。实施乡村文化振兴可以帮助村民重新认识乡村传统文化资源的经济价值，促使人们挖掘和整合本地具有产业价值的历史文化资源，吸引要素资源流入乡村，投资设厂，开办乡村企业，不仅增加乡村就业机会，增加农民收入，留住一部分本土人才，也加快了乡土文化资源的产业化开发步伐，增加文化产业的附加值，使农民认识文化在乡村产业中的重要作用，从而激发农民的文化创新意识，推动乡村优秀文化传播。

---

①高玉敏，李荣菊，马亚敏. 关于文化自觉的几点思考 [J]. 中共石家庄市委党校学报，2017（12）：36-38.

文化的融入能为乡村产业发展带来新的生机和活力，推动农业、旅游业与文化产业的跨界融合，改变乡村文化产业单一的发展模式，推动乡村经济发展。

（二）有利于激发乡村文化发展内生动力

乡村文化振兴离不开人的作用，人也无时无刻接受文化的熏陶，文化与人本来就密不可分。乡村文化振兴作为铸魂工程，能激发乡村文化发展内生动力，推动乡村人才振兴。实施乡村文化振兴有利于加强乡村基础设施建设，健全公共文化服务体系，缩小城乡居民文化发展差距，满足农民多元化的文化需求，增强农民文化幸福感。有利于挖掘乡村传统文化蕴含的丰富教育资源，如思想道德资源、生态文化资源，丰富乡村教育内容，提高农民综合素质，为社会培养乡村振兴所需人才。有利于乡村传统手工艺的传承发展，发挥传统手工艺人的传帮带作用，让更多人认识传统文化的魅力，吸引有志之士宣传推广中华优秀传统文化，日渐壮大乡村文化人才队伍。有利于加强乡村文化与城市文化、外来文化的交流，推动城乡文化融合发展，促进城乡人才合理流动。

（三）有利于促进乡村生态的可持续发展

中华民族几千年来创造的生态文化思想，为乡村社会传递了人与自然和谐发展的价值理念。在文化生态价值失衡的今天，实施乡村文化振兴，有利于重新认识中国传统文化蕴含的生态价值，如道家倡导的物无贵贱，顺物自然的天人合一观，儒家主张的以时禁发，取之有度的可持续发展观，佛家强调的众生平等，尊重生命的博爱观，减少工具理性带来的破坏，构建人与自然和谐相处的生态理念。有利于农民更新思想观念，树立节约资源和保护环境的生态意识，积极践行两山理论，改变以破坏环境为代价的发展方式，在农业生产和文化资源开发过程中自觉运用现代科学技术和管理手段，进行保护式的生产开发，从而推动农业生产的可持续发展，乡村生态的可持续发展，实现人与自然和谐共生、文化振兴与生态振兴协调发展。由此可见，乡村文化振兴为人与自然的和谐共生提供了价值准则，为循环农业、绿色农业的发展提供了理论依据，为开展乡村生态文化教育提供了文化资源。

（四）有利于推进乡村文化治理现代化

中国传统文化倡导以和为贵的价值理念蕴含了宝贵的社会治理价值，为乡村社会成员化解矛盾、解决纠纷提供了思想指导。实施乡村文化振兴有利于维护乡村社会的安定和谐，推动乡村文化治理现代化，有利于强化农民的社会责任意识和主人翁意识，促使农民在党的带领下积极主动参与乡村文化管理。文化教育功能的发挥有利于激发农民的自治意识，提高农民的法制观念、道德意识，增强农民参与文化管理的能力，促进自治、法治、德治相统一的乡村文化治理体系的构建。有利于重新认识乡村传统文化蕴含的道德价值，化解乡村功利思想，营造父慈子孝、夫妻和睦的家庭风气，促进家庭成员关系和谐，邻里关系融洽，为乡村社会营造尊老爱幼、与人为善、睦邻友好、守望相助的社会道德风气，为乡村文化治理提供和谐稳定的环境。总之，在新时代振兴乡村文化，可以增强乡村社会凝聚力和向心力，推动乡村社会有序运转。

二、乡村文化振兴是实现中华民族伟大复兴的助推器

乡村文化振兴不仅是实现乡村振兴的精神动力，也是增强中国特色社会主义文化自信、推动社会主义文化强国建设、实现中华民族伟大复兴的助推器。

（一）有助于满足人民对美好文化生活的多元化需要

乡村文化振兴充分贯彻了党的群众路线，体现了全心全意为人民服务的理念，是新时代乡村发展的必然要求。在社会主要矛盾发生转变，人民对美好文化生活需要越来越强烈的今天，实施乡村文化振兴战略，有利于乡村文化事业的繁荣，文化产业的发展。一方面，有利于乡村文化事业繁荣发展，切实保障人民群众的文化权益。实施乡村文化振兴战略，促使乡村公共文化基础设施实现全覆盖，农民文娱健身教育场所得到保障，为培养德智体美劳全面发展的农民提供教育平台；促使以人民需求为导向，融合数字化管理的文化服务模式更加健全，为农民文化需求表达提供更方便快捷的数字化通道；促使文化事业单位和非盈利性的民间文化组织日益壮大，传播社会主旋律的精神文明创建活动日益丰富。另一方面，有利于乡村文化产业发展壮大，保障人民群众基本的文化消费水平。实施乡村文化振兴战略促使乡村文化资源与产业结合，促使文化产业与其他领域深度融合，为乡村社会创造新的经济增长点，催生一批关联产业，创造新的就业机会，为拉动人民群众的文娱消费奠定物质基础。同时文娱消费的扩大为地方电影院、戏剧院、广告印刷业、动漫等文化产业的发展创造了新的动力，促使乡村文化企业提供更优质的文化产品与服务，不断满足农民多元化的文娱活动需求。

（二）有助于增强中国特色社会主义文化自信

中华民族五千年的历史文明得益于农耕生产生活孕育的农耕文明，乡村社会是中国传统文化产生的根源地，是革命文化形成的主战场，是社会主义先进文化发展的开辟所。实施乡村文化振兴战略有利于传承优秀传统文化，发扬红色革命文化，弘扬社会主义先进文化，为中国特色社会主义文化自信的生成奠定了文化根基。第一，乡村传统文化是中国特

色社会主义文化自信得以形成的源头。中国农业文明经过五千年绵延不断的发展，孕育了丰富的传统文化资源，传递了民族智慧，使中国农业文明在人类历史上留下浓墨重彩的一笔。新时代振兴乡村传统文化，让农民深刻认识中国农业文明在世界农业史上的重要地位，认识我国灿烂的历史文化遗产，增强农民的文化认同感和归属感。第二，乡村红色革命文化是中国特色社会主义文化自信得以提升的底气。乡村红色革命文化是在革命建设时期逐渐形成的，新时代振兴乡村红色革命文化，让身处和平年代的人民重新领略中国共产党人面对困难挑战所展示的不怕艰难、敢于奋斗的革命精神，这正是当前建设乡村文化、重塑乡村文化价值所需的精神依托，提升了人民群众文化自信的底气。第三，社会主义先进文化是中国特色社会主义文化自信得以延续的基础。先进文化是人类文化进步的结晶，能促进社会生产力发展，新时代弘扬社会主义先进文化，让农民深刻认识乡村文化对我国社会发展的推动作用，切实享受乡村文化发展成果，由此加深对乡村文化的认同感，铸就中国特色社会主义文化自信。

（三）有助于推进社会主义文化强国建设

当今世界各国竞争日趋激烈，不仅体现在经济方面，也表现在文化软实力上，文化越来越成为综合国力竞争的重要因素，中国要在激烈的国际竞争中占据一席之地，必须要加强文化建设，为社会发展注入"强心剂"。新时代实施乡村文化振兴有利于弥补乡村文化建设上的不足，缩小与城市文化发展间的差距，推动乡村全面振兴和社会主义文化强国建设，不断增强中华文化的国际竞争力和影响力。第一，乡村文化是我国文化建设的重点和难点，只有发展好建设好乡村文化，才能推动社会主义文化强国建设。实施乡村文化振兴，有利于健全乡村文化基础设施和服务设施，为农民开展文娱活动提供必要的场所，日益满足农民多元化的文化需求，提升农民的文化幸福感，从而激发农民参与文化建设的热情和信心，推动乡村文化繁荣发展。第二，乡村文化是中华文化的缩影，实施乡村文化振兴，有利于乡村文化发挥其价值导向作用，共建中华民族文化家园，充分展现中华儿女在世界文化面前的文化自觉和文化自信，同时促使乡村文化产业与国际市场接轨，让蕴含中国价值的文化产品"走出去"，不断扩大中华文化的辐射力和影响力，推动中华文化日益走进世界文化舞台的中央，为人类文明进步做出更大的贡献。

第二章 乡村旅游文化振兴的构建

第一节 旅游文化在乡村旅游中的重要性

一、旅游文化与文化旅游

文化是民族的血脉，是人民的精神家园。在旅游行业中，文化是旅游的核心与灵魂，而旅游则是文化的载体。如果没有文化，再好的旅游开发和经营模式都只是一个空壳，缺乏后继力量与灵魂的景点只是粗劣的模仿，无法打动游客的灵魂，更无法唤起游客的共鸣，且容易使乡村旅游景区陷入"千村一面"的尴尬境地。中国乡村自古以来就是中华传统文化的发源地，在悠久的历史长河中发展、衍生出丰富多彩的乡村文化，这些文化既是历史文脉的延续，也与当代乡村、乡民的生活密切相关。近年来，随着中国乡村旅游的繁盛，越来越多的乡村旅游开始注重挖掘本地的文化，利用特色文化占领乡村旅游市场。

（一）旅游文化与文化旅游的区别

1. 旅游文化

旅游文化，是近年来的一门新兴学科，是文化的一个重要组成部分。旅游文化中包含了"旅游"和"文化"两个领域，具体包括三个领域：与旅游行为相关的一切物质与精神财富的总和；旅游主体和客体间的各种关系总和；旅游文化并不是一个群体创造的，而是旅游主体、客体以及各种媒介相互作用所产生的物质、精神文化总和。

旅游文化的内涵和外延相当丰富，从文化结构上说，旅游文化包括旅游物质文化、旅游制度文化与旅游精神文化。其中，旅游物质文化是指旅游景区基础设置、旅游资源等物质类文化；旅游制度文化是指旅游管理与服务等制度文化，旅游开发、资源使用与处理等制度文化；旅游精神文化是指旅游客体所创造的精神文化、旅游管理与服务中形成的精神文化等。

2. 文化旅游

文化旅游，是旅游活动的一种方式。与其他类型的旅游活动相比，文化旅游带有更加明显的文化色彩，有提高文化素质、激发文化学习或文化休闲的明确目的。

（二）旅游文化的特点

1. 中国旅游文化的发展

中国的旅游活动历史悠久，早在远古时期，我国古代先民就已出现了旅游行为，数千年来，中国旅游逐渐发展成为一门博大精深的文化。春秋时期，随着生产力的发展，中国古代的交通状况与之前相比有所改善，商旅活动兴盛，出现了以游学为代表的旅游活动，形成古代旅游思想的早期萌芽。

秦汉时期，随着国家大一统格局的出现，国家基础建设得到了大力发展，人们生活水平逐渐提高，这一时期出现了帝王巡游、官员奉旨出塞、商贸旅游、学术旅行等活动，此外，平民中还形成了春季和秋季到城郊游玩的习俗。频繁的旅游活动形成了大量的旅游文学、诗歌和碑刻等，旅游文化逐渐形成。

魏晋南北朝时期，旅游行为十分频繁，由于社会动荡，许多知识分子寄情于山水，出现了玄游、仙游、平民郊游等活动。在旅游活动中，旅游群体创作了大量的山水诗、山水画与山水文、书法等旅游文化；与此同时，形成了一批名山、名窟等旅游名区。这一时期，中国的旅游文化呈现出形式多样、内容丰富多彩的特点。

隋唐时期，经济、文化、社会发展达到鼎盛时期，出现了大批旅游家，旅游形式和内容更加丰富，产生了大量旅游作品，出现了一批著名的旅游建筑，这些建筑因文人雅士题名或作诗文而名扬天下，这一时期也是中国旅游文化的鼎盛时期。

宋元明清时期，旅游活动十分普遍，出现了大量的旅游文学以及旅游笔记，旅游群体也越来越丰富，这一时期是中国旅游文化的发展期。

近现代以来，随着社会经济的发展、交通工具的发达，先进的生产技术将人们从繁重的劳动中解脱出来，越来越多的群体开始出门旅游，出现了专门的旅游者组织，形成了景区、游客、旅游公司等多种不同的社会分工，现代旅游产业链逐渐形成，旅游文化也持续走向繁荣。

2. 旅游文化的特征

（1）地域性特征

旅游文化的地域性特征主要体现在文化地域差异上。中国地大物博，人口众多，古代由于交通不便，人们受大河、大山等自然天堑的阻挡，祖祖辈辈长期在同一个地区生活、生产，受生活结构、生活范围和生活对象等因素所限，形成了"十里不同风，百里不同俗"的地域文化和民俗文化。而这种地域性特征也成为旅游活动中一种独特的资源魅力，直接促进了旅游活动和旅游文化的发展。

（2）民族性特征

旅游文化的民族性特征源于我国是一个多民族国家，五十六个民族，或独居一方，或混杂同居，在漫长的生产、生活中形成了不同的语言、文字、风俗习惯、社会道德、艺术等，具有鲜明的民族特征。

（3）承袭性特征

旅游文化的承袭性特征表现在文化的稳定性上。同一个地区，一旦形成某种特定的文化，其在稳定的环境下可以在当地群体中代代相传，后人从前人那里不仅继承有形的物质文化遗产，也继承了文化中的情感模式、思维习惯、行为规范以及价值观。这一特征使得中国旅游文化具有深厚的历史文化积淀。

（4）交融性特征

旅游文化的交融性特征主要表现在不同地区、不同文化系统之间的冲突、交流、融合过程。中国历史上的文化并不是孤立发展的，而是不断融合了不同文明、不同地区优秀文化的成果。旅游文化也是如此，在旅游文化的发展中，中原的农业文化和边远地区民族的游牧文化不断交融、碰撞，相互融合与渗透，使得旅游文化内涵不断丰富，始终保持着旺盛的生命力。

二、旅游文化在乡村振兴中的作用

近年来，随着中国旅游事业，尤其是乡村旅游事业的发展，中国的旅游文化发展也十分迅猛，已经上升为一种新兴的学科和专业。而旅游文化作为一种内涵丰富、形式多样的文化，在我国乡村旅游发展、乡村振兴建设中发挥着重要的作用。

（一）加强乡村景区建设，实现乡村产业兴旺目标

旅游文化中包含有大量的物质文化，例如，宫殿、古村落建筑、古镇建筑、桥梁、碑刻、雕塑、园林等基础设施，研究利用旅游文化，可以对乡村景区的开发、建设提供科学、合理的指导，推动乡村旅游景区的建设，推动乡村旅游产业、拉动乡村旅游经济的发展，以实现乡村振兴战略中的产业兴旺目标。

（二）提升乡民素质，实现乡村治理有效目标

旅游文化中包含有大量的制度和行为规范，例如，旅游景区建设规范、服务规范等，也含有大量的旅游学专业研究与知识。因此，在乡村振兴中广泛传播、应用旅游文化，号召乡民学习旅游文化，可以有效提升乡民的文化素质、丰富乡民的知识结构、规范乡民行为习惯，实现乡村振兴战略中的治理有效目标。

（三）建设乡村文明，实现乡村乡风文明目标

20 世纪 80 年代中期，一些著名旅游景区的周边乡村开始发展乡村旅游。1988 年，改革开放较早的深圳首先办了荔枝节，主要目的是招商引资，随后又开办了采摘园，并取得了较好的效益。此后各地纷纷效仿，开办各具特色的观光农业项目。20 世纪 80 年代末，位于成都郫县友爱镇农科村的徐家大院，以秀美的花卉盆景和浓郁的乡风民俗为依托，整合家庭资源，自发地办起庭院餐厅，农家乐破茧而出，这里诞生了中国第一家农家乐。20 世纪 90 年代开始，在国家政策的扶持和旅游需求的推动下，乡村旅游逐渐发展壮大起来。近年来，休闲农业、观光农场、特色小镇和田园综合体等乡村旅游业态层出，将乡村旅游不断推向成熟。① 在这个时期发展的乡村旅游主要集中于具有特殊自然资源和文化特色的乡村地区，如安徽省皖南地区的西递、宏村和云南的少数民族地区。

1995 年 5 月 1 日开始实行双休日，1995 年，"中国民俗风情游"旅游主题与中国"56 个民族的家"宣传口号引导游客深入少数民族风情区；1998 年"中国华夏城乡游"旅游主题与"现代城乡，多彩生活"宣传口号吸引大批旅游者涌入乡村。1999 年，春节、"五一"、"十一"调整为 7 天长假。但这一时期的乡村旅游的旅游功能和产品还是比较单一的，主要是乡村观光和乡村农家（农家乐）。

20 世纪 90 年代后，随着乡村地区观光农业园大规模的建立，逐步形成市民农园、教育农园、休闲农场、休闲牧场、农村留学、民俗农庄、森林旅游、高科技农艺园、多功能花园、乡村工业园、水乡旅游、田园主题公园、乡村生态旅游区等多形式的乡村旅游，表现为城里人到各类农业观光园采摘水果、钓鱼、种菜、野餐、学习园艺等的"农业娱乐型"活动。

此阶段发展特征表现为以开发观光农业为主，满足大众休闲旅游，并向"乡村度假型"发展。这期间涌现出一大批具有鲜明乡土特色和时代特点的乡村旅游地与乡村旅游区，如北京平谷的蟠桃采摘园和大兴的西瓜采摘园、淮北平原的"绿洲仙境"小张庄、江苏省江阴市华西村、上海的都市农业园、广东番禺的农业大观园等。这些乡村旅游地的开发和建设，不仅为城市居民提供了新的旅游休闲地域与空间，而且为农民致富和农村发展开辟了新的途径。

（四）传承和保护非物质文化遗产，实现乡村文化兴盛目标

旅游文化中还包含有大量的区域特色文化以及非物质文化遗产内容，而在乡村旅游中

---

① 揭筱纹．乡村旅游目的地环境生态性规划与管理［M］．成都：四川大学出版社，2018：6-7．

通过对此类文化的挖掘和保护，可以将其化为旅客衣、食、住、行的重要资源，以促进非物质文化遗产活化、打造非物质文化遗产文化创意产业等，实现乡村振兴中的乡村文化兴盛目标。

三、乡村旅游文化经典案例

2019 年 7 月，文化和旅游部公布了第一批全国乡村旅游重点村名单，以北京密云区古北口镇古北口村为代表的 320 个村庄上榜。本节案例即以古北口村为例，分析在这一景区的打造过程中旅游文化所起的作用。

（一）项目背景

古北口村位于北京市密云区，地处长城脚下，是北京的东北大门。村域面积为 5 平方千米，其中土地 680 亩、山场 11200 亩、绿化 20000 平方米。该村 2001 年开始发展旅游业，根据区域内资源定位为民俗村，打造古镇文化。2008 年古北口村被北京市委农工委评为"北京最美的乡村"，2011 年被农业部评为"中国最具魅力休闲乡村"，是北京市第一个获此殊荣的乡村。

（二）项目类型

民俗文化依托型。

（三）项目资源

该村地理环境优越，距离北京市不足 100 千米，交通十分便利，除此之外，该村自然资源、历史人文资源、民俗文化资源丰富。

1. 自然资源

古北口村自然资源丰富。首先，独特的古长城资源。古北口村位于古长城脚下，古北口长城由北齐长城和明长城共同组成，是中国长城史上最完整的长城体系，包括卧虎山、蟠龙山、金山岭和司马台 4 个城段。古北口长城是山海关、居庸关之间的重要长城要塞，该处地势险要，素有"京师锁钥""燕京门户"之称，为历代兵家必争之地。其次，险峻高山资源。古北口村村北处有天然屏障蟠龙山，该山为古北口长城重要屏障之一，蟠龙山龙身蜿蜒起伏，头尾相衬，恰似真正的蟠龙一般。此外，古北口镇还有卧虎山等高山资源。最后，天然河流资源。古北口村除高山、长城外，还有一条名为潮河的河流经过，峰峦叠嶂，长城雄峻，潮河南来，峡谷洞开，景色优美，形成古北口村丰富的自然资源。

2. 历史人文资源

古北口村历史悠久,早在春秋战国时期,燕国就在此处驻军设防。南北朝时期,北齐在此处修建长城,作为古长城上的重要关卡。北齐还在此修建了古御道,成为连通承德、内蒙古等地的必经之路。隋朝时期,对古长城进行了修缮,并在该长城段下设立军镇、关卡。唐朝时期,该镇正式命名为"古北口"。金明时期在此建筑了"北口城"。元朝时,在此地设立驿站。明朝洪武年间,修筑明长城时,在此处修建了古北口镇城,由于在长城上建立城楼,因此又称为"城上之城"。清朝时期,在此地设立总兵府、总督府,驻扎重兵戍守该处乡。民国时期,抗日将士在此地与日军展开激烈争斗,因此修建有古北口战役阵亡将士公墓。数千年的历史沿革在古北口镇上留下了数不清的名胜古迹,这里曾是古代寺庙的集中地,曾有大小 72 座寺庙,其中包括药王庙、令公庙、财神庙等,还有三眼井、长城抗战纪念馆、九曲黄河阵等,人文景观丰富。

3. 民俗文化资源

古北口村民俗资源丰富,主要包括以下几种。首先,古村落景观资源。居住文化是民俗文化的重要组成部分。古北口村虽是一个只有数百户人家、千人规模的小村庄,然而在历史上该村却是一个多民族聚居的乡村,因此,该地的村落风貌具有多民族特色和鲜明的民俗特色。该地本土居民有汉族、满族,还有驻军部队。满族先民刚开始为穴居,其盖房屋是一种"屋形似冢,开口于上,以梯出入"的"地窖子"的半地下圆顶民居。后来,满族先民受汉族文化的影响,也盖起了带有汉式风格的砖瓦民居,这种民居中仍然保留了一些本民族特有的风格,例如,飞翘的屋脊、仰合瓦压边的屋顶、虎皮石山墙等建筑元素。此外,古北口村自古以来即为军镇,现今古北口村的村民大多为当年守关清军的后裔,因此村寨中还保留着当年的军营遗迹,当地人称其为"营房村"。

除了居住文化外,古北口村的饮食文化也独具特色。由于地处北京门户,长城关内外的小吃大多在这里汇集,这些小吃经过一代代古北口人的改革和创新,形成了具有独特风味的小吃系列,这些小吃中既有满族饮食文化特色,也有汉族饮食文化特色,还有北方游牧民族的饮食特色。

此外,古北口村还保留有庙会、祭祀、灯会等活动,以及丰富多彩的民俗表演活动。

(四)项目开发原则

该地项目开发时,紧扣"古、特、新"三个字,依托资源优势,做足山水文章,深入打造古镇文化。利用丰富的资源打造了一批包括财神庙、令公庙、二郎庙、药王庙、御道宫灯、民俗展室、长城抗战纪念馆、九曲黄河阵等独具特色的景点。

旅游文化在古北口村打造中所起的作用包括以下几点。

1. 做好乡村基础建设

旅游文化所涉及的范围很广，其中包括生态学、建筑学、园艺学、艺术、文学、哲学等内容。古北口村在乡村旅游开发时，先对村中的建筑、道路等基本设施进行了更新和完善。例如，实施道路修改，不仅将村内路面硬化，还顺势将道路与外界高速路口相连，以此打通了乡村与城市的道路，使游客进出景区更加便利。此外，古北口村中还进行了公厕改建、安全饮水、搭节能炕、污水处理、建沼气池等基础设施建设，使古北口村村容村貌一扫之前的污水四流、垃圾遍地的现象，取而代之的是整洁的街道、丛生的鲜花、清新的空气、美丽的乡村风景。

2. 丰富乡村文化建设

旅游文化包括旅游主体文化、旅游客体文化和旅游介质文化。其中，在旅游客体文化的打造上，古北口村先行对村中的基础设施进行了建设。例如，投资建立了文化大院，该大院中有18间仿古建筑，其中设有图书馆、多功能数字化影院、围棋室、数字网络教室以及休息室，该文化大院的修建，增强了村民的文化素质培养。又如，北古口村还为本地村民开发了健身园，配置健身器材，供百姓健身娱乐。此外，古北口村还从精神上和制度上关怀老年人和残疾人，大大改善了村民的精神面貌。

3. 帮助该村创建品牌，提升竞争力

旅游客体文化中包含自然资源和人文景观。在旅游客体的结构建设上，古北口村抓住当地山水资源丰富的特色，打造山水组合、山与人文景观组合等，深入打造古镇文化。相继修缮、重建了古御道、古门楼，以及民居四合院。在古御道的建设中，不仅涉及道路本身，还对街道两旁边的建筑、墙体进行了修复，并为街道两旁店铺统一制作了烫金木质牌匾，凸显古镇特色。同时，依照外旧内新的原则，使建筑从整体上看古色古香，然而建筑内的设施却充满现代化，干净、整洁。古北口村还在中国楹联协会的帮助下制作了蕴含古文化内涵的灯笼和楹联，使古镇从细节上散发出古镇文化气息。此外，在注重人文景观打造的同时，古北口村也十分注重改善乡村内部的生态环境，并通过疏通河流、广泛绿化等手段使整个村落呈现出一派山清水秀的田园风光。

4. 充分挖掘当地的民俗文化资源

旅游文化中包含民俗学文化，古北口村民俗文化资源丰富，为了突出当地旅游特色，古北口村组建了包括秧歌队、木展队，健身操、广播体操队等在内的满族特色文化表演队伍，这些文化表演队伍不仅极大丰富了当地群众的业余文化生活，还推动了村内的民俗旅游项目。每年节日期间，古北口村文化队伍就会组织文艺表演或民俗特色活动等，吸引游

客观看和参与。此外，古北口村还在日常经营中推行社会正能量文化，例如，为了提倡中国传统的"孝文化"，古北口村民推出了"孝心房"，在活动期间，凡是子女携65周岁以上父母旅游的，即可免去老人的住宿费用，此举赢得了游客的交口称赞。

5. 提供吃、住、游、购、娱全方位旅游服务

旅游文化中还包含有丰富的游客文化，古北口从游客的吃、喝、玩、乐、购、住、娱等方面入手，通过将农业与服务业相结合，打造出了一系列独具民族特色的旅游项目。

首先，挖掘满蒙特色小吃。古北口村地处长城关口，既受到关内文化的影响，也受到关外文化的影响，尤其在饮食方面，古北口村打造了包括炒肝、驴打滚、小锅饽饽等特色小吃和特色菜在内的系列特色小吃。

其次，打造民俗旅游集市。通过动员乡村中村民，生产、开发出了包括老虎枕、蒲团、传统手工鞋垫等在内的民俗旅游纪念品，每年交易额达数百万元。

再次，开办民俗工艺体验馆。通过成立古北口御道宫灯厂，制作数十类古宫灯，该厂不仅对外出售，还吸引游客参与制作，体验传统手工艺品的制作流程，感受独特的民俗文化，在学习与制作中传承民俗文化。

最后，打造农产品品牌。通过成立"北京古北口聚源种植专业合作社"鼓励农民生产豆类、小杂粮、蜂蜜、水果等农副产品。农产品生产出来后，即打通旅游商品产、供、销各个环节，设计小杂粮品牌，以此打造旅游土特产窗口，推动古北口特色农产品走向市场。

第二节　乡土文化与乡村文化旅游资源开发

一、乡土文化与文化旅游资源

（一）乡土文化的概念阐释

乡土文化，扎根于我国漫长的农耕文明，在中国乡村中具有普遍意义。乡土文明与城市文明亦同，也包含物质、精神、制度、信仰、习俗等多个方面。冯连惠等将乡土文化定义为"从农村生活方式中生长出来的文化形态"[1]。赵霞（2000）认为"乡土文化是农民在长期从事农业生产与乡村生活的过程中，逐步形成并发展起来的一套思想观念、心理意

---

①冯连惠等. 精神文明辞书［M］. 延吉：延边大学出版社，1995：101.

识和行为方式，以及为表达这些思想观念、心理意识和行为方式所制作出来的种种成品"①。百里不同风，千里不同俗，不同区域的风土人情孕育出别样的乡土文化、形成独特的表现形态。

乡土文化是源于乡土并依存于乡土的文化。乡土文化涉及乡村生活的方方面面，存活于乡村田地之间，融于村民的日常生活中。具体而言，乡土文化中包含有形的乡土景观和无形的文化习俗两个部分。乡土景观亦称乡土文化学校等民间建筑、家庭庭院和信仰型文化景观（祭祀建筑）。文化习俗则包括了农村的乡风民俗、礼仪交往、节日庆典、传统手工艺技能、民间信仰、宗教文化等，如庙会、杂技戏曲、民歌民谣、皮影戏、剪纸、踩高跷、木版年画、泼水节、火把节、赛龙舟等。综合上述分类，将"乡土文化"概括为生活在农村区域内的人群在生产实践中创造的、在农村广泛流传的文化形式，包括物质文化遗产和非物质文化遗产两个层面，体现村民生活方式和精神意识的一种文化形态。

（二）文化旅游资源

《辞海》将资源定义为"一国或一定地区内拥有的物力、财力、人力等各种物质要素的总称，分为自然资源和社会资源两大类。前者包括了阳光、空气、水、森林、草原、动物、矿藏等；后者则涵盖了人力资源、信息资源，以及经过人的劳动创造成的各种物质财富"②。通常来说，广义上的文化资源指的是历史发展过程中，经人脑创造的资源；而经济学意义上的文化资源，则强调其文化特征和可利用性。

综上所述，乡村文化资源指在乡村这一特定环境中、表现乡村文化特征的资源，它是人类创造的一切活动和成果及与此相关的精神思想的总和。具体可表现为有形的和无形的两个部分。

二、乡村文化旅游资源的主要类型

目前，学术界对文化资源的分类尚未形成统一的标准，不同的学者侧重不同的形式和角度，对文化资源的分类方式也各有不同。总结来说，常见的文化资源分类方法主要有六大类：结构分类法、主题分类法、特征分类法、物质分类法、物态分类法以及形态分类法。

在中国广大的乡村地区，传统文化资源虽然内容丰富、形态多样，但其价值高低不同，生产能力参差不齐。所以，在这里选用了内容涵盖广泛且对资源价值及开发程度要求

①赵皇根，宋炼钢，陈韬．振兴乡村旅游理论与实践［M］．徐州：中国矿业大学出版社，2018：74.
②《辞海》编辑委员会．辞海［M］．上海：上海人民出版社，1978：376.

较低的形态分类方法对乡村文化资源进行分类，以便更清晰地概括其内容及分辨可资本化的特征。

（一）物质文化资源

外显性的"物"化，是乡村物质文化资源最重要的特征，指的是可见的乡村环境及物质的资源产品。从某种意义上来说，乡村物质文化资源既有可视性，也有可触性，能够被人们明显的感知。乡村景观（包括自然、田园与聚落景观）、乡村饮食文化、乡村传统服饰及手工艺文化，都可划为乡村物质文化资源的范畴。

1. 乡村景观

乡村景观由自然景观、农业生产景观以及乡村聚落景观三大部分构成。其中，自然环境是孕育乡村文化的摇篮，也是乡村其他景观形成的基础；而农业生产活动与村落住宅建设又会在一定程度上改变自然环境形态，三者之间相互影响、密不可分。

（1）自然景观。严格来说，自然景观是未经过人类开发与干扰的景观，但实际上，纯粹意义上的自然景观，尤其是乡村自然景观已经越来越少。所以，这里所指的自然景观指的是基本维持自然状态，人类活动干扰较少的景观。

乡村自然景观由地形地貌、水文气候以及动植物等要素组成，是乡村居民进行日常生产生活的环境背景，对乡村的生产景观及聚落景观都产生本质性的重要影响。

我国地域辽阔，地形地貌复杂，原始环境多种多样，在长期的社会演变发展过程中，形成了丰富的乡村自然景观，如渔村、牧场，等等。

王安石《书湖阴先生壁》中的名句"一水护田将绿绕，两山排闼送青来"，陶渊明《饮酒·其五》中的"采菊东篱下，悠然见南山"，都淋漓尽致地表达出乡村自然景观朴素自然、和谐安宁的内在韵律。乡村也因此成为整日忙碌奔波、远离土地的人们的"寻根之处"与"精神寄托"。

（2）农业生产景观。农业生产景观是以农田为主的景观，是受人类生活生产影响最为强烈的一类景观。农业生产景观的特点在于，它对维持人类基本生理需求的作物生产和进行田园风光展示的作用是同时进行的。

广义上的农业生产景观是指用来进行农作物种植的田园土地和土地空间，甚至也包括农田所处环境的部分自然景色，这个空间包括了乡民的习俗、生活和劳作；狭义上讲，农业生产景观就是指以耕地为中心的农田景色，如西南的梯田等。

（3）乡村聚落景观。乡村聚落是乡村居民的聚集地，是人们居住、生活、休憩和进行政治、文化活动的场所，它既包括了极具地域特色的民居，也包括了由民居、街巷等要素所构成的村落整体布局。

同农业生产景观一样，乡村建筑也属于"没有建筑师的建筑"，其分布、形态与内部结构等反映了长期以来人类活动与自然环境间的综合关系，是一种土生土长的文化与技艺相融合的智慧结晶。在古代中国，古人通过实践和思考，不断尝试各种新的建筑形式与建筑材料，使得建筑的发展始终呈现出一种多元化的状态，这也造就传统民居的丰富多彩，某些乡村地区的传统民间在建筑技术和环境艺术的造诣上甚至达到了很高的水平。"传统民居"形式的演变，也就是自然、历史、社会、文化的演变，是多种元素在建筑中的综合体现，具有浓厚的中国传统文化特色。

我国的乡村聚落按形态一般分为点状聚落（又称散漫型村落或散村）、线状聚落（路村、街村）及块状聚落（又称团聚型村落、团村或集村）三种，民居建筑则形式万千。例如浙江徽派民居、广州地区的骑楼、贵州千户苗寨的竹楼与木楼等。

2. 乡村饮食文化资源

乡村饮食文化资源，指的是广大农村地区乡民"靠山吃山，靠水吃水""就地取材，就地施烹"的饮食习俗及各类乡土风味产品（土）本色和地域特征，在乡村文化资源开发中有着重要的地位和开发价值。

乡村饮食文化植根于乡野，它既包括当地的特有食物及其加工制品，也涵盖了各种饮食礼仪习惯。如今，乡村饮食正因其朴实鲜美、原汁原味的特点受到人们的追捧。

3. 乡村手工艺文化资源

从某种程度上说、乡村的手工艺文化资源就是生活的文化资源。乡村传统的手工艺品，多是源于旧时的乡村居民自己制作的生活生产用品，比如背篓、篮子、簸箕、竹扇。但在这些朴素的生活用品之外，乡村的手工艺文化还包括了可爱的泥人、绚丽的纸灯、精美的剪纸和各式各样的风筝。可以看到，乡村手工艺品所承载的文化资源，不仅仅是传统技艺与历史文化的沉淀，它更表达了中国最广大的农民对生活的积极态度与热爱之情，这才是最令人感动难忘的精神价值。

（二）精神文化资源

乡村的精神文化资源属于抽象的文化层，是乡村文化的精髓所在。它是乡村居民在长期的生产生活中形成的，通常表现为乡村居民的节庆习俗、情趣审美、宗教信仰以及村民的道德观、价值观、生存哲学等内容。

1. 乡村节日文化

因地理位置的差异性，造就产生了乡村独具特色的文化，地域性的文化节日与当地的风土人情和地方生活息息相关，如中华民族传统的春节、清明、端午等，以及与农业生产具有密切关系的二十四节气。地域性带来不同的节日庆祝活动，相比于城市，乡村节日具有更浓郁的节日氛围，春节期间需要贴春联及年画、挂灯笼等来烘托节日气氛，端午除了吃粽子外，乡村还会举行诸如龙舟赛等传统活动，重阳节登高饮酒也自然少不了；同时，不同的民族也具有自身特有的民族节日，如藏族敬佛的浴佛节，傣族祈求和平与祝福的泼水节，彝族庆祝丰收的火把节等。

2. 乡村礼仪文化

中华民族以礼著称，礼仪是传统文化体现的重要方面，乡村地区文化浓厚，至今还保留着不少体现传统文化的礼仪，如在人生的每个阶段，需要举行诞生、成年、结婚等不同的礼仪，以此来展现乡村传统文化中的礼数；乡村作为农业文化的发源地，在其传统的农业种植生产中，不同季节均有与农事相关的仪俗，如春季播种和秋季丰收的时候，会采用不同的仪俗来进行，捕鱼、狩猎等农事活动也具有各自特色的风俗仪式。另外，乡村具有文化与礼仪的多样性，从而带来了在礼仪上各具特色的程序，如婴儿从出生前到出生后包含求子、满月、取名等各阶段不同的礼仪；新人结婚的时候也具有一套标准，有着显著的自然的"六礼"。乡村丰富的礼仪文化与都市单一的生活状态对比鲜明，从而使游客产生好奇心理，形成乡村旅游的吸引力。

3. 乡村艺术文化

艺术文化是乡村地域性审美的体现方式之一，乡村艺术中的乡土意境和风土人情被艺术家以诗词、书法、画卷、文字等多种文化艺术途径展现出来，世外桃源般的自然风光和恬淡从容的心理状态时常出现在乡村的文化艺术中。山歌曲调、民俗舞蹈等类型多样的乡村非物质文化艺术，风格独特，文化特征浓郁，也具有游客追从的乡村韵味。

4. 乡村生活文化

社会的基本细胞单元由家庭构成，不同的家庭单元构成了这个社会的组织结构，文化作为物质的载体在社会层面具有相对的共同性，即群体具有某些共同方面，而在家庭层面则显得具有相对差异，家庭生活中的工作、语言、行为等都有不同。相对于现代化的高强度和快节奏都市生活，乡村则显得相对悠闲和舒适，它能提供都市生活所不具有的缓慢状态，由于乡村整体处于相对缓慢的生活状态，游客能更多地体会到家庭所带来的和睦、温馨，从而为家庭成员间的情感交流提供机会，增进家庭融洽气氛。

三、乡村文化旅游资源开发策略

(一) 我国乡村文化旅游资源开发的现状

1. 开发模式单一，趋同现象严重

目前，我国乡村旅游大多以专项旅游产品出现，如观光果园、观光茶园、休闲渔场等，项目和当地文化资源的联系不够紧密，较多的采用"观光+喝茶吃饭+打牌麻将"的开发模式。不少地方没有从本地的农村资源优势和风土人情的实际情况出发，而是采取"拿来主义"，生搬硬套，缺乏文化内涵和地域特色。一时间，不少大同小异的"农家乐"和完全移植过来的"泼水节""竹竿节"等大量出现，趋同现象比较严重。

2. 开发过于商业化，本土文化遭到冲击

为追求经济效益，部分乡村旅游项目的开发带有明显的商业性、短期性。为接待更多的旅游者，一些乡村地区修建了高楼、饭店，民居古宅被贴上了瓷砖，牛车马车变成了摩托、轿车。可以说，乡村地区引入了过多的城市化元素后，失去了原汁原味的"乡村性"，根本难以营造农耕文明的氛围。一些最能体现当地传统文化的民俗或宗教仪式等也因村民们信仰的失落而难以继续。同时，在文化旅游资源开发利用过程中，一些传统的、神圣的节庆民俗活动正趋于表演化，从服装、歌舞一直到生活形式，都是在迎合旅游者，而没有展现当地真实的乡村文化。这种反客为主的状况，直接导致了文化基因的改变，对当地的物质文化、非特质文化均造成严重的破坏。

3. 开发思路混乱，重"量"而不重"质"

我国有相当多的乡村文化旅游资源，但大部分项目都缺乏明晰的开发思路，出现盲目跟风以及低水平重复建设的问题。乡村文化旅游资源根据开发模式的不同，可分为文化展现型、文化再现型、文化移植型三大类；根据开发阶段的不同，可分为文化观光型和文化体验型两大类；根据开发主体的不同，可分为集体所有、个体所有、中外合资、外商独资等多种类型。

在实际的开发过程中，不少地方的主管部门和村民为急于获得经济效益，往往不会经过充分的规划论证便将项目匆忙上马，缺乏明晰的开发思路。而在后期的建设过程中，又会出现资金不足、开发主题不明确等问题，粗制滥造现象屡见不鲜。特别是在一些文化资源比较丰富的地区，由于缺乏足够的规划与指导，许多资源的开发和利用存在较大的盲目性，只注重短期利益，不注重对文化资源的永续利用。同时，资源开发还存在无序性、无重点的现象，开发数量虽多，但精品少、种类少，特别是在文化内涵的外化表现方面显得

比较薄弱。部分传统的文化观光项目，由于没有增加"体验"元素，也没有在内涵方面作更深的挖掘，出现了产品老化、边缘化的问题。

4. 开发处于粗放阶段，整体配套不够完善

成熟的乡村旅游产品应该在餐饮住宿、交通、游览、购物等各方面都能满足现代旅游者的基本需要。部分地区乡村旅游发展起步较晚，开发水平还处于初级阶段，公共卫生无法达到规定指标，接待设施比较落后，综合服务水平较低等。农民在长期的生产生活中形成了散漫、自由、不受约束的习惯，与旅游接待服务的要求也存在较大的反差。另外，由于受经济、社会、交通、思想观念等多项条件的制约，有很多乡村文化旅游资源尚未得到科学、充分地开发，造成了资源的浪费，特别是一些流传于民间的文化习俗没有更好地展现，一些资源并没有真正融入当地环境进行深度开发。

(二) 我国乡村文化旅游资源的开发重点

我国乡村旅游发展的方向应以"绿色、休闲、参与、体验"为主题，以功能多样化、投资多元化、发展产业化为总体思路，以实现经济效益、社会效益和生态效益相统一为目标，加速推动传统农业向生产、生活、生态"三生合一"的功能方向转变，推进城乡互动，提升产业水平，构建融农业和旅游业为一体的现代农业旅游发展体系。

1. 重视乡土文化特色的挖掘

随着旅游者知识性、体验性需求的增长，人们对文化旅游产品的关注将呈上升趋势，文化享受日益成为旅游者重视的旅游需求之一。乡村旅游是有别于一般的旅游产品，它必须运用特有的乡土文化、乡土生活方式和风土民情去发展。在经营上，注重乡村经营、解说服务、体验活动和民俗文化活动，在整个观光游憩的空间系统中显现其独特的风貌与特色。

例如，沿海地区以渔家文化、品海鲜为主，山区则以山民文化、品山珍为主。一些传统的农耕文化、独具地方特色的劳动技艺、农业观景等都对游客具有强烈的吸引力。所以，我国在开发乡村旅游资源时应重点维持乡土特色、配合地域文化，对于一些珍贵的历史遗迹以及民间沿袭已久、长期传承的"活文化"应重点保护并合理开发，充分展示我国特有的传统农艺、乡村生活、农家文化、丝绸文化、茶文化、中药文化、造纸文化、佛教文化等精髓，以我国特有的历史文化韵味吸引海内外游客。

2. 重视无形文化资源的转换

诗词书画类旅游资源是我国乡村文化旅游发展的重要组成部分，需要对其加以保护并将这些无形资源通过各种途径加以转换、展示。从现有的开发情况来看，一些诗词佳作由

于缺乏明显载体，尚未得到全面开发，所以、还有很大的发展空间。为将无形资源有形化，旅游主管部门及各媒体单位要收集、整理相关资料，对有关宣传我国的诗词书画作大力宣传，引导人们对文化类旅游资源形成正确的认识。而散落在民间的一些佳话传说、民间故事，以及历代众多名家留下的不朽诗句也是珍贵的无形文化旅游资源，如果能将这些诗词书画文化与景观文化有效结合，通过适宜的媒介物或各类活动来加以展现，不但能提高旅游者的文化素质和观赏审美水平，也能大大提升我国乡村文化旅游产品的文化内涵。

3. 重视名人资源的利用及推广

一大批历史文化名人给我们留下了珍贵的文化遗迹，建议人文学者、管理部门、媒体共同努力，对名人故居、名人墓地和名人足迹等进行恢复旧观建设和保护维修建设，让游人有景可观，有物可思。同时，还要注重名人资源文化内涵的深入挖掘。将名人最本质、最宝贵和最能感人的精神品格挖掘出来，并使之有效地物质化。通过一些有形的专题线路、专题场馆、专题介绍、专题活动等来加以展示，帮助旅游者了解我国的历史名人，进而提升旅游目的地知名度。

4. 重视乡村民俗资源的开发

民间习俗是创造于民间而又传承于民间的具有世代相袭的传承性行为和思想意识，它往往浓缩了一个地区的历史传统，比其他类型的旅游资源更容易形成特色，对高层次的旅游者具有很强的吸引力。在开发形式上，除了运用民俗博物馆等静态开发手段以外，还可运用动态开发，为旅游者提供适当的民俗文化环境，或通过直接展示，或通过组织参与、亲身体验，让旅游者真正感受当地的民俗风情。

5. 重视现代科学技术的运用

乡村文化旅游资源的开发离不开现代科学技术的运用，应努力实现生态、文化和科技的"三结合"，丰富和提高乡村旅游产品的层次与内涵。农村地区应积极利用当地高等院校、科研院所雄厚的技术、人才资源优势，吸引专业人才参与开发或经营各类乡村旅游产品，努力营造科技创新的发展环境。同时，也要加速培养和引进一批高素质的有关乡村旅游的科研、营销、管理人才，为乡村旅游的科技创新和产业化发展提供智力保障，还要因地制宜地开展各类教育培训。

6. 重视农民经营户管理水平的提高

针对目前一些农村经营者缺乏足够的农业知识、经营策略、管理方式，使得农业旅游没有达到预期的经济效益的问题，应组织相关的培训学习，或通过各种宣传、扶持活动，积极提高农村经营户的管理水平，使其具备独特的眼光、清醒的商业头脑、扎实的农业知识、丰富的管理经验以及强烈的环保意识、文化保护意识。另外，加快发展我国乡村文化旅游资源的开发，还要通过新闻媒体积极对外进行宣传；针对各类市场进行乡村文化旅游产品的设计及推广，不断提高我国乡村文化旅游的知名度。

7. 重视整体配套设施及服务的完善

发展乡村旅游还需要不断完善配套服务，尤其是着力解决好交通、住宿和饮食三大问题，使游客来得通畅、住得舒服、吃得尽兴、玩得愉快。而这些问题则需要当地政府部门在交通、供水、供电等基础设施建设上予以大力支持。另外，在发展乡村旅游时，还可以根据客户的不同年龄、外地短期游客及本地居民节假日郊游等不同客户群，推出不同层次的服务项目，合理确定内容、服务与收费标准。同时在项目设计上，除提供文化观光类项目，还要增加文化体验类、文化教育类的产品，形成多元化发展的格局。

（三）我国乡村文化旅游资源的整合策略

1. 以观念整合为先导，共同打造乡村文化旅游精品

资源整合是一项牵涉面相当广的系统工程，综合性强，关联度大，任何单个的市场主体都无法承担起整合资源的任务。只有真正打破行政区域限制，走"整合多赢"的道路，才能成功打造区域性的乡村文化旅游精品。在考虑各地乡村旅游发展现状的基础上，应充分考虑各地乡村旅游产品专业化、高度化和规模经济的要求，通过政策的引导避免区域内旅游项目重复建设和地区行政壁垒。相关政府部门要立足于全局做出整体决策，利用整体化优势共同开发研究项目，并对各地信息资料加以汇总并研究，做好乡村旅游发展的预测与引导。

2. 以利益整合为手段，完善合作互利机制

通过建立合作机制，有利于各地在当前和今后的旅游合作中建立起良好的伙伴关系，减少各地区在旅游合作中的冲突。在资源整合的过程中建立一种互信、互利、共赢的合作机制，相互推荐，组合优势，共同打造具有市场竞争力的旅游线路。通过创建各区县间的旅游合作联合协调机构，创建综合的旅游信息数据库，共同策划重大的节庆活动，实现区域联合、产销联合。

3. 以形象整合为目标，运用先进技术共同拓展客源市场

在对外宣传乡村旅游产品时，应紧扣"休闲乡村""文化乡村"的主题，坚持以目标市场和旅游产品为中心，克服目前信息不对称的弊端，巩固已有的市场，开拓新的客源市场。在促销手段方面，应重视先进科学技术的运用，切实加强网上宣传力度，将公共媒体和电脑网络作为宣传促销的重要手段加以利用。

4. 以交通整合为载体，构建我国乡村旅游大网络

交通的完善，可以使旅游者在区域范围内自由流动循环，充分体现区域资源整合的优势；要建立布局合理、层次分明、结构优化、功能完善的公路网，进一步提高公路通达深度，保证城镇与乡村、景区之间快速有效的连接，实现各种交通运输方式的配套衔接；要保证各乡村各景区的可进入性，改善乡村道路建设状况，优化旅游线路，最大限度地共享乡村文化旅游资源，延长游客的停留时间。通过线路整合，构建交通便利、风景优美、文化内涵丰富的乡村休闲旅游区域。

四、乡村文化旅游资源开发经验借鉴

（一）苏南乡村文化资源旅游开发潜力分析

第一，从乡村文化旅游资源角度看，苏锡常三市的自然、历史人文资源丰富，用于旅游开发的专项资金投入较为充足，一些原生态的乡村文化和景点景区保护较好，加上苏南自古便是吴楚文化的源脉，中华文化的发源地之一，乡村文化旅游资源开发价值较高。

第二，从乡村文化旅游的发展角度看，乡村文化旅游是一种高层次的旅游活动，随着旅游者旅游经验的日渐丰富，价值观念与生活方式的改变，以及对社会文化生活的进一步追求，乡村文化旅游客源市场将更加广阔，乡村文化旅游将成为21世纪最具发展潜力的旅游形式，苏南地区大力发展乡村文化旅游正是顺应了时代的潮流。

第三，从苏南区域自身旅游业的发展来看，主观上，苏锡常三市的各级政府长期重视旅游业对区域经济发展的带动作用，人民群众也希望能够通过发展乡村文化旅游实现致富目的；客观上，苏南全区域的旅游发展已经稳步走上正轨，正向快速、科学、新颖的发展模式迈进，各种基础设施和服务施日渐完善，为发展乡村文化旅游提供了条件。苏南地区凭借"水乡文化"与"吴楚文化"这两大品牌联合开发乡村文化旅游，具有地域文化特色与较大的规模优势，开发前景乐观。

（二）苏南乡村文化旅游发展的基本对策

1. 确立"突出重点，优势互补，整体推进"的乡村文化旅游规划指导思想

缺少统一布局、规划，"遍地开花"是当前我国乡村旅游开发中面临的共同问题。苏南地区经济相对发达，但因分归苏锡常三市管辖，各自为政，呈现一定的地方保护主义态势，导致投资开发项目雷同，互相之间缺乏协调等不良后果。所以，为避免投资浪费和恶性竞争，必须打破地域界限，强调联合发展，整体推进，可由专业职能部门或专业企业在

旅游行政部门的组织和引导下统一规划，强化特色，整合现有资源和市场，优势互补，促进苏南地区旅游效益的总体提高。

2. 坚持以"地域乡土文化"为核心的旅游发展理念，维护苏南乡村文化旅游产品的品位和格调

对于旅游产品项目的设计和开发，应在历史性、地域性和文化性上做文章，追求旅游产品高文化品位、高艺术格调。苏南地区的古镇周庄和同里无论是周边的地理环境，还是内部的历史发展过程均具有显著的不同，因而周庄可以培养出"富可敌国"的一代巨商，而同里则成为达官贵人远离尘嚣、闭门思过的修身养性之地，这就是两者在气质和内容上的最大区别。如果苏南乡村文化旅游开发能兼顾到两者的区别，努力探寻、开发不同的乡村旅游产品，那么在一面水乡古镇游的旗帜下，必然会给游客一个完全不一样的感受。

3. 利用特色节庆，举办旅游活动，开拓旅游领域

苏南地区民间传统节庆活动很多，完全可以将普通百姓生活中的民间风俗、节日等较有地方特色的资源开发为旅游活动项目，选择有代表性的区域作为定点旅游区、精心策划和组织，形成专项旅游产品，重点瞄准与乡村文化差异较大的城市居民市场，必定具有相当大的吸引力。如苏州端午节最有特色的是它的龙舟竞渡、与屈原无关，它是纪念伍子胥的（伍子胥"象天法地"始作阖闾城、是阖闾城的设计者。苏州流传有许多有关他的故事）。龙舟竞渡还有一个特色是"放标"之嬗。根据"放标"一俗，完全可以在太湖上办个端午水上运动会，通过广泛宣传，吸收国内外企业界的鼎力资助，为他们做广告，并可逐步办成国际性大规模的运动会。相信这种水上特色活动，定能经济效益和社会效益双丰收。

4. 加强乡村旅游基础设施的地方文化特色建设

硬件设施是乡村旅游地的"脸面"，是旅游活动的物质基础，直接影响乡村旅游地的文明形象。苏南地区应根据现有的经济实力，搞好旅游基础设施建设，在基础设施建设过程中首先要做到净化，就是要保证卫生条件好。其次是注意原生态建设，但原生态不等同于原状态，适度城市化、乡村城镇化是经济发展、社会进步的必然趋势，但切忌盲目模仿城市建筑，而是要适度城市化，也就是说，在设施的便利度和科技含量上加大力度，而在外观和功能上挖掘地方文化特色，保持原生态。

5. 挖掘乡村旅游资源的文化内涵，注重乡村文化的多层次综合开发

当前在乡村旅游产品开发创新中，一方面要以市场需求为导向，深入挖掘乡村旅游资源的文化内涵，保持乡村环境的真实性，营造传统文化的乡土气息和氛围，增加文化含量；另一方面要注重乡村文化的多层次综合开发。

在物质文化方面，农家菜的口味既要农家传统的，又要符合现代人的饮食习惯和口味；菜式上既要充分挖掘各个季节有特色的菜式，还需要把传统的经典的农家菜的故事讲好，这样的农家菜吃起来就有味道多了。在旅游商品方面，应特别注重当地传统手工艺品的开发，如剪纸、传统服饰的制作，可适当让游客参与其中体验创作的乐趣。农村土特产品应在外包装上等方面进行改进和完善。在乡村制度文化和精神文化层次上，应让游客更多地与当地村民进行交流沟通，从中体会乡村朴素的道德规范、新奇的宗族制度，各种民俗表演活动，游艺竞技比赛活动要让游客参与其中，提高游客参与程度。

6. 强化人才意识，大力培养旅游专业人才

人力资源是第一生产力。乡村旅游的基层从业人员大多是当地的农民，培训农民从业人员，不能采取从书本到讲课的办法，要探索、总结能让农民易看懂、弄懂、能操作的培训方式，从基础知识、基本技能、经营理念到安全卫生、文明举止等，使他们得到全面有效的培养。对旅游规划、经营管理人员，可通过产学研合作教育，多种方式进行培训，加强行业主管和旅游企业的人才队伍建设、不断提高从业人员的整体素质，从科学、理论的高度增强管理的力度和水平，为乡村旅游产业发展提供智力保障。

第三节　乡村旅游文化振兴的可持续发展探究

一、乡村旅游可持续发展概述

(一) 乡村旅游可持续发展的条件

1. 乡村性是乡村旅游可持续发展的前提条件

从供给角度来看，建设社会主义新农村为乡村旅游的发展提供了难得的历史机遇。乡村旅游的供给动力来自农民对现代化的追求。农村与城市在基础设施、医疗卫生、文化教育、经济收入、社会保障等方面的巨大差距，使广大农民向往城市生活，具有强烈的现代化诉求。同时，乡村旅游的本质特征是"农游合一"，广大农民"亦农亦旅"，既不离土也不离乡，可以就地将生活性资产和生产性资产转化为经营性资产[①]，投资小、风险小、经营灵活、不误农时，具有明显的本土性，非常适合农民经营，是广大农民脱贫致富、实

---

①王宏星，崔凤军. 我国乡村旅游产品体系及其影响研究［J］. 西藏大学学报（社会科学版），2005（1）：81-90.

现现代化梦想的最佳途径之一。

乡村风光、乡村民俗、乡村生活、乡村生态等成为旅游活动的对象物，使旅游活动和产品系列更加丰富，旅游者所获得的体验更加全面。旅游者选择乡村旅游的动机主要有：回归自然的需要、求知的需要、怀旧的需要与复合型需要。[①] 无论从供给角度还是需求角度，乡村性的内容都是乡村旅游的核心要素，"乡村性是乡村旅游整体推销的核心和独特卖点"。

"乡村性"是界定乡村旅游的最重要的标志。存在于乡村的资源可能并不都具有独特的"乡村性"特征，例如，乡村建筑在经济较发达的乡村已具有明显的城市化的特点，传统的建筑景观可能已荡然无存。但具有吸引力、能成为旅游开发资源的景观必须是具有典型"乡村性"的景观，所以，乡村旅游资源的景观构成是具有显著指向性的，而不能仅仅从存在于某种空间范围内的景观形态来确定。

从景观内容看，"乡村性"景观是乡村旅游的核心吸引力所在，乡村旅游资源包括乡村自然生态景观、农业劳作景观、乡村聚落景观、乡村农耕文化、民俗文化景观、乡村经济景观及乡村民居建筑景观等。从活动内容看，乡村旅游包括乡村休闲度假、乡村观光、乡村民俗节庆体验、参与农业劳动体验等活动。而在乡村地区开展的高科技农业园区观光、城市型度假村旅游、主题公园旅游等活动以及在城市开展的乡村型度假村旅游、乡村民俗园旅游、高科技农业园区观光等活动不属于乡村旅游。所以在这里，便不难理解人们能够欣赏农村刚翻过犁的耕地的景象，而厌恶城市建设施工现场的喧杂：前者，使人们心中存有自然赠予大家的阵阵麦浪以及果实的喜悦；而后者，人自身的欲望使得原先美好的自然景象正在遭到残害，从而消逝。在人们心底积淀的乡土意象和乡土情结是乡村旅游魅力的核心支撑。

乡村旅游可持续发展的前提条件是保持乡村旅游的乡村性，但是，在乡村旅游发展的过程中，乡村性却遭到极大的戕害，比如，乡村民俗的商业化问题、乡村景观的城市化问题、乡村旅游产品低层次化问题、乡民在旅游发展中的边缘化问题等。乡村旅游乡村性的丧失意味着乡村的独特生态环境和民俗文化将不复存在，这往往导致其吸引力将衰竭，使乡村旅游的可持续发展成为空谈。所以，乡村性是要保证乡村旅游的可持续发展前提条件。

2. 乡村旅游开发应遵循科学的文化观和经济观

近年许多西方发达国家的游客前来我国旅游的动机，虽名目繁多，但仍可以发现其中的一个重要热点，即仰慕中国悠久的游牧、农耕文明史以及围绕此而产生的不胜枚举的名

---

①周玲强，黄祖辉. 我国乡村旅游可持续发展问题与对策研究 [J]. 经济地理，2004（04）：572-576.

胜古迹。他们认为最能拿得出富有吸引力的旅游产品——诗意绵绵、古朴淳厚的田园之美，以满足其返璞归真的愿望的"回归自然"的旅游意向应首推中国。

1979 年，UGB（城市扩张界限）法案在俄勒冈的波特兰通过，以保护当地的农场和森林免于城市扩张的蚕食。这个法案是 1973 年颁布的一系列法案的一部分，其重点是保护农业和经济活力。当然，官方更多地关注市区的扩张所带来的经济效益和环境保护成本而非自然风光和自然特性的改变。但是，乡村景色被看成是一份公共财富——尤其受到市民的喜欢。同时，出现了这样一种共识，乡村的存在事实上起到了一种保护和平衡环境的作用。一份密歇根州的关于"喜欢看到的东西"的问卷调查表明，人们喜欢看到的是农田、森林、木屋、大家庭的生活，并几乎都忽视家用设备。同时，在乡村旅游的发展中，除了经济方面的收益，我们更应该强调乡民从中获得的文化受益。多年来，由于观念信息和教育文化的障碍，广大农民过着自给自足的小农经济生活，习惯了日出而作日落而息的生活，他们年年岁岁围绕着家里的几亩土地转，他们的思维已经形成定式，被田埂地埂牢牢地束缚住。关于发展问题他们想得少，甚至不敢想，跳出农村看发展的人更少。因为信息落后，外界的消息他们几乎一无所知，他们不愿走出山村，不敢参与到外界轰轰烈烈的经济社会发展建设中。所以，只有实现了乡村文化的自主和和谐发展，才能实现经济的自主和健康发展，才能实现乡村旅游的可持续发展。

（二）实现乡村旅游可持续发展的目标

发展乡村旅游，必须走可持续发展之路，这是落实科学发展观的客观要求，也是建设社会主义新农村的必然之路，更是保证乡村旅游健康发展的应有之义。可持续发展的乡村旅游，应当是一种生态合理、经济可行、社会适宜的旅游活动，是一种高效低耗、无公害的旅游活动，要改变传统的发展观念，杜绝短期行为，是实施乡村旅游可持续发展的关键所在。[①] 对乡村旅游来说，其可持续发展要求在时间尺度上强调既要满足当代人旅游与旅游开发的需要，又不能危害后代人满足自身旅游需要的能力。在空间尺度上，要提高旅游者和当地居民的旅游质量，维护乡村旅游发展的持续性，并与周边区域和谐共处、资源共享。在开发广度上，要协调乡村"独特性"与旅游开发，环境保护和旅游开发之间的矛盾，注重乡村资源、经济、文化、社会、环境的协调发展。[②] 所以，乡村旅游可持续发展的目标可以归结为生态平衡、文化平衡、经济平衡、相对公平四个方面。

1. 生态平衡

旅游开发对旅游资源的破坏或保护都是最为至关重要的，全面考虑旅游资源本身的特

---

①夏林根. 乡村旅游概论［M］. 上海：东方出版中心，2007：76.

②唐代剑，池静. 中国乡村旅游开发与管理［M］. 杭州：浙江大学出版社，2005：58.

色、旅游容量、旅游资源的可持续利用，有利于保持自然生态平衡的旅游活动开展模式等，都是旅游开发之初需要特别关注的问题。同时，我国乡村居民和游客生态环境意识普遍不强，当地居民为谋短期利益开山采石卖树，甚至售卖珍稀动植物；游客心里也只想着本人到此一游而已，何况生态环境的保护自然有"专人"负责。所以，乡村自然生态的可持续发展还有赖于面向乡村居民和广大游客的宣传教育，这样在旅游开发和旅游活动开展过程中都能保证自然生态的平衡，生态破坏问题就基本上能够得到控制。

2. 文化平衡

随着乡村旅游产业化的深入发展，乡村地区和外界的经济、文化交往趋向常态化，现代文明和外来文化日趋渗透到乡村地区生产与生活的方方面面，乡村传统文化遗产在全球化浪潮的冲击下面临前所未有的挑战，越来越多的乡村文化遗产在现代文明中日益衰败、濒危甚至消亡。现代工业文明正在快速侵蚀和瓦解着传统农耕时代的生产方式和文化形态，导致少数民族传统文化的生态空间日趋萎缩，生产和使用群体不断减少，民族文化生长的土壤日益贫瘠，这都使民族传统文化有效传承的文化生态环境日益恶化，导致民族传统文化的生存和传承受到严峻的挑战。例如依靠口传心授、言传身教和集体展演作为主要传承方式的侗族大歌，是农人干完一天的活后聚在一起的交往和休闲方式，其生命力在于不可断裂的代代相传和人心所向的民间习俗，一旦失去有文化认同感的传人和唱歌互动的民风，可能在十几年时间里就可以烟消云散。而现在不少侗族青年对自己的传统音乐兴趣渐消，侗族大歌已经面临严峻的挑战。

乡村传统文化还有可能产生仆从现象，传统文化个性将被削弱，文化功能将被减低。如在恭城瑶族自治县开展"农家乐"旅游的某村，有外来人员租用该村村民的房子进行非法色情活动。有的竟然还是房东专门从外地"请"来的，一方面是由于村民偿还"贷款"的压力，希望用额外的"服务"吸引游客；另一方面是由于部分游客自身素质不高。但是绝大部分村民屈从于经济利益是不争的事实，扰乱了当地原本淳朴的乡风民俗也是非常令人惋惜又值得深思的。

乡村旅游发展使乡村传统文化正面临着文化价值被商业价值所取代和过度商品化危险。现代商业形式包装的乡村文化产品、民俗风情娱乐化、宗教艺术舞台化等虽然能短期内刺激游客，获得巨大经济效益，但践踏了传统文化原有的真实性和文化内涵，扭曲了传统文化，使其简单化、俗套化和功利化，使民族传统文化变成了一种纯粹的商业谋利行为，不利于乡村旅游业的可持续发展。由于旅游者的素质参差不齐，他们在旅游过程中经常出于猎奇、求乐的心态，往往偏好于感性、刺激、轻松、娱乐的目的看待旅游目的地文化，这种倾向极易使民族传统文化庸俗化，主要表现为传统文化旅游项目的雷同开发、优劣不分、伪造民俗等现象。某些旅游地缺乏有甄别的产品开发，误将乡村文化的糟粕与精华一同开发，丑化、歪曲、篡改乡村传统文化，既不能展示乡村传统文化的特质，又致使乡村传统文化原有内涵和存在价值扭曲或消失，也贬低了民族传统文化在当地居民心中的地位和价值。

3. 经济平衡

乡村旅游开发符合了旅游者的精神审美观念与对文化品质的要求，具有较强的文化价值、经济价值和社会价值。乡村文化具有独特的地域和民族特色、活态的历史、文化、经济、科技等多层价值，是极具开发潜力的文化资源。应与乡村地区的景观和其他物质文化一起共同开发，给消费者提供高质量、高品位的文化大餐。乡村文化的理想开发与保护路径是让文化融入经济活动的脉络中，助推民族地区的经济发展，让经济行为反映或折射出文化的影响为文化的传承铺路。

在一些地方，村民与开发商关系恶化，在一些古村落，甚至有村民抗议旅游业的发展，阻碍了古村落旅游的正常发展。还有一些旅行社凭借客源垄断地位和市场化运作的经验，在利益分配中起到了决定性作用，并借此获得了超额垄断利润。而利益受到损害的乡村旅游地、农家旅馆等相关经营主体采取了拒团、宰客、降低服务标准、减少服务项目的措施，把损失转嫁到游客身上，乡村旅游项目的市场信誉因此受到了严重的破坏。所以，要实现乡村旅游经济的可持续发展，必须实现各利益相关者之间的均衡。因此，乡村文化的保护与开发要在尊重文化多样性，确保文化的内在价值能够延续和传承的前提下，让保护乡村文化能与市场开发相结合，寻求文化传承和商业发展需要的最佳平衡点，凸显自身的经济价值，科学设计出丰富多彩的精神文化产品，打造文化品牌，形成文化遗产的产业化经营和规模效应，让世界了解民族传统文化，让民族的价值观、思想观和人生观得到世界人民的理解和尊重，使民族精神得到延续，民族文化得到传播和认同，实现文化传承的与时俱进，使民族传统文化走向世界。

4. 兼顾公平

旅游开发毕竟应该是一个持续发挥效益的过程，乡村旅游开发以转变观念为先导，以乡民参与为基础，转换主客位观念，真正确立乡村居民在乡村文化保护与传承中的主体地位。旅游地居民丧失了自主权是乡村文化的旅游开发中受到戕害乃至丧失的主要原因。应在确保旅游开发当前需要的同时，要保证乡村文化的原真性，立足长远永续发展，以确保乡村持有旅游目的地的长久魅力，实现乡村旅游资源的可持续利用。离开了哺育乡村文化成长的土壤，它就会失去赖以生长的根，乡村文化的展示就会失去原生文化空间的生存根基。一方面，乡村旅游收益分配应该建立科学合理的旅游收益分配制度，优先保证当地居民的应得利益，将普通民众作为旅游开发的参与者和受益者，使当地民众从旅游发展中直接获利，使子孙后代能够持续享受旅游开发的机会和旅游发展的成果，从而激发起原住民传承保护乡村文化的意识和动力，提高乡村文化生命力和创造力。另一方面，要大力发展乡村文化教育，提高当地居民的文化素养和鉴别能力是乡村文化传承发展的根本。所以，从社会阶层公平的意义上说，乡民同样应该成为乡村旅游客源市场主体的一部分，这是乡村旅游发展要达到的必然目标之一。

（三）振兴乡村旅游可持续发展的手段

1. 发展乡村教育，提高乡民的文化素养和审美鉴别能力

乡村旅游发展的过程中强势文化对弱势文化的冲击是不可避免的，旅游开发中出现的主客双方不对等现象、"飞地"现象和"新殖民主义"现象，都源于乡村落后的文化教育。要大力发展乡村教育，提高当地居民的文化素养和鉴别能力是乡村文化传承发展的根本。由于旅游客源地和旅游目的地之间的主客双方的交往与相互作用存在非均衡关系，乡村文化受到的各种戕害，都源于乡村文化教育发展的落后。通过发展教育，培养原居民的民主观念和主人翁意识，培养其乡村文化保护与传承的自觉意识，提高其文化素养和审美鉴别能力，提高其保护与科学开发乡村的自我传承能力，实现乡村旅游的人本化，保证乡村旅游的可持续发展。

2. 发展乡村经济，构建农业循环经济产业链

"旅游脱贫""旅游拉动相关产业的发展""旅游拉动内需"就是乡村社区发展旅游业的目标之一，乡村旅游一直被看作乡村经济甚至文化及城乡一体化发展的"万能药"受到推崇。乡村旅游的发展要靠乡村支柱产业经济的健康发展作为强大经济后盾。乡村的支柱经济产业是农、林、牧和农副产品加工工业。要实现乡村经济的健康快速发展，就要构建科学的以粮食及其他农副产品龙头加工企业为依托的农业循环经济产业链；以畜牧、水产生产加工企业为依托的畜牧、水产加工循环经济链条；以秸秆综合利用为重点的秸秆循环经济链条大力发展绿色、有机、无公害原料，加工企业要采取先进节能、无污染技术改造传统工艺，提高企业的经济效益；以林业及其加工业为依托的林业循环经济链条。

3. 发展乡村旅游，构建理想的旅游环境

乡村旅游的长远目标是建设发达的田园化乡村，构建理想的人居环境和生命栖息地，构筑和谐的旅游环境。这样旅游环境既面向城市居民，也面向乡村居民，使乡村居民不仅获得经济收益，更获得现代旅游的精神满足。在构建人居环境和旅游环境的过程中，旅游开发需要制定科学的旅游规划，对核心资源进行重点开发，对不同需求层次分别开发。同

时，加强对旅游者的教育，端正其旅游心态，树立科学的旅游观，建立控制和优化"大旅游"的系统旅游观，要加强乡村旅游伦理教育，树立基于生态链的遵循"3R"（reduce 减量化、reuse 再利用、recycle 再循环）原则的旅游生产发展观，提倡文明化、减量化和无害化绿色旅游消费观。面对"旅游示范效应"所带来的各种文化冲击，乡村基层组织和人民要头脑清醒、提高警惕，取其精华、去其糟粕，丰富和提高乡村文化的整体抵抗力，要在保持乡村特色与精髓的基础上，积极学习外来文化，使乡村文化得到保护、传承和发扬光大，并逐步建立起一个以人为本、尊重乡土文化、尊重乡土自然、包容差异的旅游新环境，进而促进乡村旅游向健康、稳定、繁荣和可持续的方向发展，实现乡村旅游的规范化、生态化及和谐化。

二、振兴乡村旅游文化的可持续发展研究

（一）乡村旅游文化可持续发展的战略选择

1. 指导思想

乡村旅游文化可持续发展的任务是相当艰巨的，面临的问题也是迫切需要解决的。为了促进乡村经济、社会、生态等的全面发展，以及社会主义新农村建设与和谐社会的构建，必须要有一个全新的文化发展战略。这种战略的指导思想可以概括为：多元化、非均衡、逐级推进、综合发展。多元化是指各地文化发展战略要因地制宜，不同地区不同时期可以采取不同的发展模式；非均衡是指在不同时期、不同条件下，发展的重点地区应当有所不同；逐级推进是指文化的发展要与物质的发展达到"互动式平衡"，或者说二者发展的"和谐"，也就是说物质文化要求精神文化必须与之相适应；综合发展是指在发展的过程中，应当兼顾各种效益，力求协调发展。

2. 构建原则

旅游地是能提供所有旅游产品以及旅游经历的一个社区（一般需要一定规模的人口聚居点）。乡村旅游地突出了旅游产品的"乡村性"，强调了旅游经历的文化体验过程。根据上述指导思想，乡村旅游可持续发展的战略制定需要考虑以下几个方面的原则。

（1）可持续发展原则

发展原则是指乡村旅游地的可持续发展。这也是乡村旅游项目可持续发展的必备条件。可持续发展是当今资源开发利用的主导模式。以发展为核心，综合考虑影响发展的各种限制性因素，特别是文化变迁可能带来的不良后果，使之能够形成良性循环的发展路径。

（2）文化自由选择的原则

自觉意识是文化变迁的内在动力，因此，充分尊重乡村居民对文化的判断和对文化自由选择的权利也是制定发展战略所必须遵循的原则。从这个原则出发，要认识到乡村旅游地的旅游发展需要"政府主导模式"，这是乡村居民权利的保障，有了这种保障，才能充分发挥乡村居民的主观能动性和创造性，才能制定出切实符合实际情况和人民意愿的发展战略。

（3）突出地方特色的原则

对于乡村旅游地而言，乡村旅游文化是外来文化与地方文化、现代文化与传统文化的复合体。它不仅是进入市场的品牌和市场竞争的起点，还是乡村传统文化变迁的重要依据，并可以演化为传统文化传承的载体。因此，要以少数民族文化和乡土文化为核心，提高乡村旅游产品的品位和档次，对景区景点的开发，要保持其固有特色，突出其不同之处，注重其"原汁原味"的本色，营造特色鲜明的乡村特色。

（4）社区参与的原则

发展乡村旅游必须明确"扶贫"这一主题，要把乡村旅游项目的开展作为扶贫工作来做。同时，要体现乡村旅游开发的普遍性和农民参与的普遍性，政府要积极引导农民参与旅游业发展，要让农民既是旅游扶贫的对象，又是参与旅游业发展的生力军，使社区居民参与文化的继承和发展，提高其对自己文化的认识和自觉意识，决定文化传承和发展的途径，最终让农民成为真正的最大受益者。

（二）乡村旅游文化可持续发展的战略设想

1. 目标

根据上述原则和乡村旅游地可持续发展的目标，以及目前乡村旅游地存在的普遍问题，提出"发展中保护"的战略设想，总体思路是"乡村旅游发展中的乡村文化保护"，从而形成"发展—保护—发展"的可持续发展道路。

乡村文化发展目标就是以鲜明地方特色的乡村旅游文化为标志，引导乡村文化的现代化变迁，根据乡村发展的需求，乡村文化建设既能融入现代社会发展，同时又具备独自文化特色的新型乡村文化体系。

2. 途径

乡村旅游地的发展需要"政府主导"模式，这是乡村居民权利的保障，有了这种保障，才能充分发挥乡村居民群体的积极性和创造性，才能使乡村旅游地文化良性的变迁与发展。因此，乡村旅游地文化要围绕总体思路——"乡村旅游发展中的乡村文化保护"来进行发展，其保护方式为政府主导，保护者（主体）主要包括地方政府、旅游企业、社会力量，保护的对象（客体）是文化传承方式、文化变迁途径、文化创新力。

（三）乡村旅游文化可持续发展的战略体系

1. 政府主导

乡村旅游地政府在乡村旅游发展中所扮演的角色是推动者而不是经营者。它应该为乡村旅游发展指明方向，并为乡村旅游发展服务，为小规模的经营者和非正规部门创造良好的发展环境。这样才能够促进乡村旅游朝着可持续和符合全社会整体利益的方向发展。

（1）加强宏观管理

首先，乡村旅游地政府要把乡村旅游的管理纳入政府的行政管理职能，纳入政府的远景规划，各级政府职能部门要明确责任，制定出乡村旅游相关管理办法或条例，对乡村旅游的规划审批、经营管理、安全管理、环境卫生等方面进行规范与监督，引导其逐步走向行业协会自律管理。政府应该通过开发政策、土地和水资源管理计划、提供人力和财力管理等方式有效干预乡村旅游的发展，协调各方面的利益，从而达到对乡村旅游的宏观管理。

（2）正确把握文化的发展方向

在现代化的标准体系内，乡村在经济发展中应该寻找自身文化与其他文化联动发展的切入口，实现文化的整合，从而实现自己的现代化，获取经济效益和社会效益双赢的结局。其根本目的在于获得自己文化的地位，成为多元文化格局中的被承认和赞赏的一员。因为每一个地域都有其独特的文化、各个地域的文化也并非出自一源。因此，政府要通过各种宣传方式和各种媒体使人们树立正确的文化发展观，强调文化发展的多元性，这样有利于克服不同文化之间的偏见，使其认识到自己的文化有其独到的价值和魅力。

（3）制定相应的政策予以扶持

现阶段，我国将乡村旅游纳入城市普通休闲体系，由此导致了乡村旅游地与城市休闲体系形体上的相似掩盖了乡村文化的光辉，失去了"异域风光"的新奇，人们看到了"趋同"表现。乡村地区的经济发展和社会进步不能也不应该是简单的"克隆"，其特殊性不仅仅是经济发展问题，乡村的发展没有已经规定和预设的道路，不应该只有一个标准，应该在乡村旅游地旅游开发中，硬件设施必须完善的基础上，建立"差异性"的旅游质量衡量与评价指标体系。强化乡村文化特色，突出人文景观的乡村风格，维持并发展"异域"的形体特征，使乡村旅游地的文化底蕴有所依托，得到自身与外来旅游者共同的心理认同。

（4）建立与完善文化自我保护传承机制

制定相应政策扶持乡村建立与完善其文化的自我保护传承机制。全球化是当代不可阻挡的一种潮流。"不可阻挡"只表明当代历史发展的一种趋势，却未必表明它来自人类理性的、负责任的判断和评价；也许正是这种趋势生长出"畸形的果子"，就像我们无法阻止世界范围的战争和恐怖主义，却不能说它们符合"道德和道理"一样。文化的影响是相互的，但由于在一个国家乃至世界文化体系中，文化的地位差异使文化彼此间的相互作用不同。乡村文化的弱势地位，使之在发展中不得不成为一种保护对象。

因此，在乡村旅游可持续发展中，要充分保护弱势群体的利益，建立最广泛的民众参与机制，比如可以通过全体村民全体表决等，形成防范各种毁损乡村文化的监督制约机制，使之在旅游发展中发现自身文化的价值，树立民族自信心，要通过引导社区居民正确认识传统乡村文化的价值和作用，充分挖掘农村传统民间文化的精髓，激发农村文化的活力。乡村文化建设不仅要服务社区居民，更重要的是要调动社区居民传承和创造文化的积极性，使其成为新农村文化建设的主体。要积极培养社区居民文化骨干，帮助他们提高业务素质，以促进新农村文化事业的发展。要注重民间文化艺术的挖掘、整理、保护和利用。充分发掘各地的人文资源、传统文化、民俗文化、民间艺术资源，开展"民间艺术之乡""特色艺术之乡"和"民间艺术大师""民间工艺大师"等评选活动，对乡村传统文化生态保持较完整并具有特殊价值的村落或特定区域进行动态整体性保护，积极开发具有传统和地域特色的剪纸、绘画、陶瓷、泥塑、雕刻、编织等民间工艺项目，以及戏曲、杂技、花灯、龙舟、舞狮舞龙等民间艺术和民俗表演项目，培育一批文化名镇、名村、名园、名人、名品，把挖掘光大本土民间文化优良传统与乡村旅游发展结合起来，使传统民间文化显现出其固有的多重功能，保持其旺盛的生命力。

文化的变迁与发展是历史的必然，是民族进步的必然。在强调乡村自身的文化吸收、涵化、整合甄别能力的同时，要充分考虑乡村旅游地社会发展的外力作用，文化现实也会对旅游地形象产生一定的影响。因此，为保证地域特色，这就需要通过制定某种政策进行"指导型变迁"，尽快出台传统乡村文化保护传承相关政策，明确在乡村旅游发展中，乡村文化保护传承的原则、目标、范围、内容、要求和法律责任，为乡村旅游规划的编制提供依据和标准。各级政府要把乡村传统文化保护传承工作纳入政府工作中，帮助乡村建立和完善其文化的自我保护传承机制，使之在保持自身文化特色的前提下，完成对现代化生活方式的过渡。

2. 企业经营

（1）促进文化整合，创新旅游产品

每一种文化由于其地域上的适应特征和悠久的历史传统都不可能被完全覆盖和替代。外来文化总是以各种方式被整合，成为本土文化的一部分。在经济现代化所诱发的文化现代化过程中，某些传统被抛弃是正常的现象。旅游活动中，传统文化（吸引旅游者前来游玩的旅游地文化）与外来文化之间的不断冲突和融合，通过选择性吸收和适应性整合，直到转变为旅游者所满意的旅游文化。

对以乡村文化为主要资源的旅游产品形式进行重新设计。现有乡村文化旅游产品大多为观光型旅游产品，刺激了文化向"浅表性"和"商业性"变化。应该考虑旅游行为文化与地方文化的渗透，使旅游者由现在单纯的"猎奇"消费观转向"理解"和"探索"消费观，旅游方式由观光为主转向以"生活参与"为主。综合考虑乡村的自然景观不适于发展单纯性的观光旅游，而一些历史遗迹也呈片断式的零散分布，民族风情需要有一定的时间才能体验……所以必须创新一种既适合大众参与的，又充分体现乡村文化特色的旅游产品。目前，可开发项目参考主题有：生活体验之旅、生产仿真之旅、农事教育之旅、生态示范之旅、民俗娱乐之旅等等。

（2）挖掘文化内涵，注重氛围营造

旅游景观之所以区别普通的景观设计，在于旅游项目的景观本身就是旅游吸引力的重要组成部分，甚至是其最重要的部分，是项目的基础或卖点。因此，旅游项目的景观设计，必须服务于旅游项目的"主题"定位，形成项目的独特吸引力，凸显"独特性卖点"，形成品牌。

任何旅游项目的运营，都需要进行主题整合，形成鲜明的主题内容，树立独特性，并达到品牌的统一性和特色化。可以说，主题是品牌运作的基础。没有主题，旅游项目将会是一盘散沙。好的文化主题，让营销、管理运作人员可以不断地挖掘和创新出新的内涵和游憩项目，来充实整个旅游项目。旅游项目设计，则需要通过主题定位，进而实现产品的整合。因此，管理人员应该深入挖掘文化内涵，实现景观设计的"主题化"，在项目主题定位后，确定旅游景观如何围绕主题进行设计，所有的旅游景观都应该围绕主题进行展开，才能达到整体景观的最佳效果，从而形成独特的乡村旅游氛围。

（3）注重地方特色，树立鲜明意象

乡村旅游的强大动力来源于乡村意象。鲜明的乡村意象是乡村旅游得以开展的巨大财富。乡村意象是一项极为重要的无形的旅游资源。它在乡村旅游中所起的作用，如同城市中的标志性建筑所起的作用一样，是其他事物所无法比拟的。乡村意象强调的是乡村的一种整体氛围，而这种整体氛围的体现，必须靠本地塑造和对外传播两方面结合才能够完成。所以，在乡村旅游开发中，一方面必须有意识地在乡村塑造一种"可印象性"的整体氛围；另一方面又必须通过合适的传播手段把它推向市场，影响受众，形成鲜明的乡村意象。

3. 社会参与

（1）加强自觉意识，培养好客文化

加强民族自觉意识，对外来文化做出自身判断，对文化变迁途径和方式进行自主选择。任何文化都是一个独立又完整的体系，为了单一目的去改变一种文化都会导致该文化的正常发展受到阻碍，降低其运作效率。当前乡村旅游地所出现的文化变迁实质上是城市文化的移植后果。乡村旅游发展中的"乡村文化复兴"本质是站在城市文化立场上对"异文化"的审视和再造，反映出"异文化"对城市文化的附和。这就意味着其自身丧失了再生产能力。但乡村文化是长期对其生存环境适应的结果，有其存在价值和利用价值，为充分合理地利用当地资源提供了多种可能。因此，要充分尊重乡村居民对文化的判断和对文化自由选择的权利，提高他们的自觉意识，为他们提供文化自由发展的空间，维护其自我发展的轨道，使他们能够自觉地选择、采借、吸收、适应、整合外来文化，实现本土文化的传承与发展。总之，变与不变，如何变等一系列问题的解决，取决于民族对自身文化的理解和认识，取决于是否有利于自身的发展与壮大。

乡村好客文化是乡村文化在对外来旅游者的态度、方式、内容等方面上的综合表现。乡村好客文化的基本内容包括接待礼仪、社会风气和乡村景观。接待礼仪和社会风气是乡村好客文化的人文载体，是游客获得体验的最主要因素；乡村景观是物质载体，是游客到达乡村旅游目的地得到的第一印象；三者相辅相成，相互制约。

好客文化构成乡村旅游吸引力的"核"，是乡村旅游的核心竞争力，是乡村旅游人文魅力的最佳代表。应该通过服务质量、旅游营销手段等多方面实现好客文化价值，将其作为乡村旅游市场的卖点和乡村文化传播的途径。

（2）创造沟通机会，加强社会参与

尽量为乡村旅游地与专家和社会群体创造沟通机会，聘请专家作为乡村旅游地文化发展顾问，通过专家和社会群体的参与，可以有以下几个方面的作用得以发挥：第一，专家和社会群体可以深刻挖掘乡村旅游地的文化内涵；第二，专家和社会群体可以就如何来开发以及如何用合适的手段来影响受众提出建设性见解；第三，学者和社会群体还可以为政府对乡村旅游的宏观管理以及乡村旅游文化可持续发展的战略提供咨询意见与一定的帮助。这样可以保存和合理开发旅游产品的文化素材，使乡村旅游和乡村文化的弘扬紧密结合，促进乡村旅游产品的不断创新，促进乡村旅游的可持续发展。

第三章　乡村产业文化振兴的构建

第一节　乡村产业文化的内涵及特征

一、乡村产业文化的内涵

(一) 乡村产业文化的含义

乡村产业文化与乡村观念文化、公共文化、审美文化等相并列和共处，是乡村文化的重要构成。乡村产业包括乡村农业产业、服务业、手工业，其他现代产业，也包括文化产业（含旅游业）。其中农业产业是其主体，属于最重要的核心部分。乡村产业中既有传统产业，也有现代产业；既有第一产业，也有第二产业和第三产业。乡村产业文化即指由此而生成的属于乡村产业的内在建构和不断积聚的文化意蕴，是乡村文化建设的重要组成部分。而在乡村产业文化建设中，更体现为农业产业与文化产业的相互交融与互动。

(二) 乡村产业文化的当代意蕴

1. 乡村农业产业是乡村产业的基础和根本

以土地种植为核心的农业产业，是农耕文化的延续和当代呈现，在当代乡村振兴中承担着十分重要的使命。乡村产业的主体是农业产业，这是乡民赖以生存的根本，是乡村社会最重要最凸显的产业。乡村社会拥有多样的产业。首先，农业产业是其最基本的产业形态；其次，多年来在乡村出现的与农业产业密切关联的工业已经具备产业的结构和规模。包括各种传统的手工业，也属于当代的乡村工业产业；又次，近年来蓬勃兴起的文化产业及相关服务业，旅游业已成为乡村振兴的切入点和重要产业之一。而在这诸多产业中，将其紧紧系于一体的是土地，是农业产业。

将乡村农业产业置于文化的高度来观照，是当代乡村文化建设的必然走向。随着乡村产业的快速发展，其本身已经具有了越来越丰富的文化意蕴。产业作为经济活动的基本形态，从来也没有失去文化的支撑与融入。伴随经济活动中出现的文化现象，产业呈现出多样性结构与自组织发展的态势，其增长受到各种文化的影响和制约，有的产业业态甚至出现文化内涵的溢出，显现丰富的文化元素。乡村文化产业的脱颖而出，不仅为乡村文化振兴带来生机和希望，同时作为乡村产业的一部分，也为乡村整体发展注入活力。乡村农业产业作为乡村产业的基础和根本，既显现其重要的物质生产特性，又显现其特有的文化属性。其文化属性既源于乡村经济类活动，也与精神性活动相关联。特别是在当代，众多属于经济类活动的业态相继显现出浓郁的文化特色，乡村农业产业愈发凸显其深厚的文化意蕴。人们在从事经济活动及产业活动的同时，尤其重视文化在与各相关产业密切融合中所产生的积极效应，致力于推进农业产业中文化因素的增长，以求实现更大的综合价值。

2. 乡民对土地依恋是与生俱来的情愫和理念

千百年来由农业文明到现代文明的衍变，并未因生产和生活方式的转变而使人们丧失对土地的依恋。自古以来，农业产业本身便具有丰厚的文化内蕴。正是基于亿万大众生存与生活的需要，人们始终恪守以农为本的箴言，坚持天地人和谐共存的自然观。在乡村，没有任何物象能够像土地那样，紧紧维系着人们的相互关系，成为人们生存的依托。人们常以"民以食为天"警示世人，任何时候都必须将农耕与粮食放在最重要的位置。

对于土地和与土地相关联的各类业态的坚守与依恋，不仅是人们的情感所致，更是一种生存方式，成为乡民的精神与灵魂的归宿。即使是在近年来，面对城镇化、工业化浪潮的冲击，人们似乎对土地的情愫有所淡漠，然而在诸如土地流转、合村并居等活动中，已经充分显现出乡民们对土地的依赖和依依不舍的情感。农业的首要使命是保障粮食安全。粮食生产稳定，大众的生活与生存方能得以保障，国家方能安全。除却土地与粮食，乡村农业产业还包括诸如林业、养殖业、畜牧业、渔业等业态，其不仅成为粮食生产的辅助与延拓，同时也成为乡民生活的重要保障和补充。在个别乡村，某些产业形态甚至超过农业，成为基础型产业，亦属正常。

3. 乡村产业文化与多元文化互融、互补

作为乡村文化的多元构成，其观念文化是乡村文化的基石，为产业文化奠定厚重的基础；其公共文化的历史衍变，促使产业文化向着现代型转变；其乡村审美文化的拓展既得到产业文化的支撑，又对农业产业文化予以反哺和滋养。在当下，产业文化与多元文化的互渗互融，已成为乡村文化建设中的重要现象。

农业产业与多元文化的结合，呈现出艰辛与复杂的形态。一是乡村在整体社会结构中，长期处于相对闭塞的位置，因而形成多元文化进入的迟缓与滞后；二是由于农业经济在历史上基本属于自足的，具有内循环特征的状态，其文化构成与当代文化的接轨尚有一定困难；三是即使是在乡村社会持续发展的当代，依然处于伴随城市发展的地位，不仅与

典型城市化特征的文化保持距离，而且乡民在接受新的文化理念时也有一定的时间差。而将文化与农业产业真正实现融合，是在当代。基于社会发展的进程，文化在向乡村逼近，乡村也渴求文化的进入。乡村和农业从来都没有游离于社会文化发展之外，城市文化的领先发展或许是一定历史时期的必然现象，但不能忽略乡村的发展。在中国，以乡村的部分牺牲而换取城市稳定及发展的现象长期存在，为此付出的代价也是极为沉重的。

乡村农业产业的快速发展，离不开文化的注入。没有文化的融入，乡村农业产业将会长期处于低层次运作的境地。其文化的融会，既在于观念文化的坚守与保障，又依赖于乡村公共文化的支撑与保障，还体现于以审美为突出特征的文化产业的进入和促动。同城市产业一样，乡村产业同样具有浓郁的文化属性，与城市产业文化属性并重但又显现其特性的差异。乡村产业文化的建设，即在于通过深度的文化涵育和多层次文化建设，一方面推动乡村产业的快捷发展，同时促进乡村多元文化的丰富与深化。

二、乡村产业文化的基本特征

乡村产业文化在其生成丰富意蕴的同时，逐步显现其鲜明的特征。乡村产业文化形态的渐变引发乡村生产关系及民风民俗的演变，产业机制的完善促使乡村伦理及人际关系的转型，社会文化流通的加速引领乡民价值观体系出现新的气象。准确与科学地把握乡村产业文化的特质，有助于促进其不断深化与发展。

（一）乡村产业文化的多样与互融

在乡村文化中，农业产业文化是一种精神与物质的聚合。在漫长的农业文明延展中，相关农业产业的文化基因作为一种精神观念，深深融入世代乡民的灵魂及其血脉之中，成为主导人们从事其他活动的核心因素。它与我国自古以来的文化传统及当代乡村文化形态相关联，既令人对自然充盈着诉求和期盼，又时常呈现出沉湎于顺应天意的无奈。而在当下，既赋予人们新的生存理念，又带给人们生活理想。

1. 生产方式的传承与交汇

产业文化的传承，基于其历史的厚重积淀，重心在于传统生产方式的传承，以及与当代生产方式的交汇。社会发展促使生产方式发生较大变化，但在其本质上，依然具有传承的因素。新的生产方式的形成，一方面来自传统生产方式的承续，同时也得益于当代各种因素的影响与促动，使之更加有利于生产关系的调整与生产力的增长。作为生产方式的传承，即指人们环绕土地、山林等农业资源，在尊重自然规律的基础上所形成的生产与耕作的基本形态与机制，包括对气候、环境、节气等客观规律的适应与承续。而作为当代多样性生产方式的交汇，则是指人们充分顺应科学技术以及新的生产动能的进入，从而促使多元形态的生产方式的确立。

2. 生产与生活习俗的渗融与延续

乡村文化中有关生产与生活的习俗，生成于乡村农业生产活动之中，又对乡村产业予以极大影响。它既是精神的，又是物质的，蕴含于乡村产业的基本模式、运行过程及产品制作之中。其生产与生活习俗的不断演进，意味着人们认识世界、把握自然能力的提升，也是人的自觉意识和自我意志的提升。人们将天人合一，人与自然的和谐共处等因素根深蒂固地植入其间，成为农业文化的核心。又将乡村公共文化中人与人的和谐相处，对共同利益的维护，以及人的道德规范伦理操守等因素，与农业产业活动有机地融为一体，成为人们在生产活动中共同恪守的价值理念。

3. 乡村生态环境的持恒与变异

乡村生态环境是乡村地域性风貌和环境特色的呈现，得益于乡村未曾经过大规模开发而使其既有风貌得以传续。在人类愈来愈重视生态保护的今天，人们更加珍视其价值。那些完好的自然形态可能曾经是贫穷的体现，而在当下，则已成为不可再生之宝。优质的生态环境不仅可以为乡村产业提供持续发展的资源和空间，而且可以充分利用其优势，开发与乡村旅游、休闲相关的活动和项目，吸引更多城市人接受大自然的洗涤，接受洁净的空气、山林、江河、湿地等各种生态的滋养。而对一些已经遭到一定污染和损害的生态环境，人们当须努力恢复，令其重新彰显生态优势。

（二）乡村产业文化的内生与聚合

在中国历史上，农业文明始终居于核心地位，即使在今日，没有农业产业的支撑，也就没有乡村产业文化的地位。正是基于农业及其相关产业的内生性及聚合性发展，形成了至今难以动摇的根基。乡村产业文化内在含量的增进，势必带来对人的精神的冲击和内化，以及传统与现代意识的聚合。

1. 经济文化的内生与聚合

乡村产业文化的存在及其价值，将以农为本的乡村传统主导理念与推进文化建设的发展理念置于一个紧密关联的层面。农业产业不同于文化产业，其主要属于物质层面，然而从其文化内涵来看，恰属于物质文化与精神文化的结合。物质生产在其本质上既具有文化的基因，又经过其他元素的融入，从而形成厚重的文化积蕴。产业作为物质生产，其生产方式的完善与规模的拓展、技术的改进、质量的提升，无不熔铸文化的因素。正是在其漫长的物质生产进程中，经济与文化的聚合，生成了厚重丰富的文化内涵。

2. 多种产业的交叉与聚合

乡村建设以农业产业为核心，又以各种相关产业的汇聚为延展，形成多种产业形态的交叉与聚合。其交叉，表现于各种产业的相互交融；其聚合，表现于各种产业在农业产业的基础上得以汇聚。在新的生产力和生产关系不断调整的背景下，新的产业形态的生成便是自然的，乡村文化产业便是如此。即使一些属于乡村工艺、手工业、编织业等，不少也是在承继乡村传统技艺的基础上汇聚于当代文化产业。任何新的产业形态的出现，均与特定区域各种因素相关联，更是乡民价值理念与生活愿景的体现。

3. 个体与集体的分解与聚合

产业文化体现于人际关系上，更多表现为个体与集体的聚合。历史上的农业经济，具有凸显的个体性。基于当代农业规模化生产的形成，人们越发对集体化生产产生倚重。乡村产业既要充分发挥人的个体的创造性、能动性，又要依靠集体性协作。事实表明，脱离个体基础的乡村产业，不是成熟的产业结构；而没有集体规模的生产结构，则会长期停滞于低层次。随着农业产业的拓展，以及农业产业文化的外溢，乡村完全可以容纳更多人从事富有多样性产业价值的活动。过分强调个人或集体的意义而忽视另一方价值，均难以获得产业的提升。

(三) 乡村产业伦理的渐变与恪守

中国历来是一个充满人情的社会，在乡村更是如此。以血缘为核心，以家族为基础，形成了充满浓郁宗族伦理的乡村社会形态。而在其间，又以乡村产业为纽带，建构成制约乡村社会伦理的严密机制，甚或成为一种世代传承的文化模式。乡村产业伦理正是环绕产业活动所呈现的伦理与产业交汇而成的文化结构。

1. 产业伦理的显现与强化

乡村产业伦理内涵在农业产业中起到了重要的融媒作用，是制约和推进乡村人际关系和谐发展的基本要素。正是基于共同的利益和诉求，人们努力调节人际关系，促使人们在产业活动中相互依托。在市场经济时代，受到商品交换原则的影响，乡村伦理中一些淳朴理念和乡约村规发生动摇。伴随利益纠葛，令以往乡邻的关系变得脆弱。基于乡村产业中管理与科技因素的快速增长，更多具有管理与科技能力的人在乡村产业格局中的地位逐步上升，对传统产业伦理形成一定冲击。而在乡村产业的文化深层，人们仍旧受到传统的人际关系的制约与影响，在产业运行的各方面和各环节，诸如宗族及乡梓的情分依然在持续发挥作用，成为乡村社会稳步发展的基本保障。

2. 家族伦理的嬗变与纾解

在乡村产业活动中，家族的制约依然重要，但基于合作与发展的需要，作为人与人之间关系的传统的人情和血缘的基础发生动摇，逐步融入商品与市场交换的因素。这一方面有利于市场与生产力的发展，同时也使人们之间的关系变得冷淡与隔膜。在新的伦理态势下，族长的地位仍在持续，但其权威已不同程度地遭到削弱，失去其一言九鼎的话语权。虽然作为家族对每个成员的制约力依然发挥作用，但有时人们已经对此感到厌倦并予以改造，使其家族内部逐渐生成新的乡村伦理因素。作为族长，依然在乡村社会中发挥重要作用，而某些家族中涌现的政坛新秀开始产生影响，较多具有现代科技和管理能力的人们更在新的乡村格局中崭露头角，逐渐取代传统族长的地位和权威。

3. 家庭伦理的渐进与简约

在新的产业模式下，作为乡村最基础的单位和细胞——家庭，其伦理关系也在发生一定变化。基于中国人对家庭情结的恪守，以及对家国一体的认同，使家庭依然保持坚实的基础。在通常，家庭给予人们最本体的关怀和最可信赖的保障，其血缘关系依然是最基本的关系。但是，在新的产业模式下，基于产业生产和文化内涵的不断丰富，家庭伦理关系也在悄然发生改变。虽然作为家庭长幼之间相对严格的区分和男女差别依然存在，但传统意义上长幼与男女之间相对森严的差别开始动摇，那些在政界、商界以及在乡村产业中获得突出成绩的家庭成员的地位逐步上升，在日常家庭活动中享有较突出的话语权，更在以家庭为基本单位的农业产业活动中发挥重要作用。

（四）乡村产业审美质素的凸显与增进

乡村产业审美价值的呈现，越来越显现其重要的价值。形式美感的内聚与外溢，不仅体现于乡村文化产业及旅游产业，同时在种植业、农产品加工、畜牧及养殖、乡村手工艺、林业等多个方面，均呈现出极为鲜明的审美质素，使乡村产业变得丰富多彩，为其产业运作、产品形态增添了美感。

1. 产业运作的审美性

在大量乡村产业活动中，人们已经不满足于一般的经济运作，而在其间融入较多审美及文化元素。特别是当一些生产活动摆脱了单一与枯燥、单调与重复的劳作，便生成更多愉悦的富有美感的因素，一些产品的生产及制作也在不断向审美化提升。人们充分激活美的创造力，将本来属于物质活动范畴的行为操作，有机地渗入各种文化及审美元素，使之与农业文化意蕴融为一体。在各种农业产业活动中，农业耕作方式科技含量的增多，生产规模及品类的调整与规范，养殖业规模与方式的科学化，产业资源的科学保护与充分利用，编织业等手工艺对农业活动的促进，乡村林业、果木业等品类的扩展等，均与各种文化因素息息相关，充分呈现出美的创造的合规律性与合目的性。

2. 产品加工的审美性

乡村农产品加工业具有丰富的工艺性，经由大量艺术元素的融入，可以增进产品的审美含量，获得更大的经济价值。不仅那些属于手工艺特色极强的产品制作，而且那些以粮食生产为基础的农业产业的产品，以及畜牧业、林业等，也会因其产品的丰富以及产品的精加工，并通过审美含量的增进，提升其经济价值，使之得到更多人们的喜爱。而人们对农业产品包装的重视和精心制作，不仅可以使农业产品的经济与文化内涵得以彰显，而且可以通过传统与当代艺术元素的融入，增进其文化感染力，甚至成为一件值得珍藏的艺术品。

3. 产业体验的审美性

乡村产业活动具有极为鲜明的体验性。人们通过对产业活动的参与，可以进入文化及审美的过程。其产业运行的始终，均可融入审美因素，令人们获得深度的审美体验，享受到丰富的意味。不仅诸如乡村旅游、乡村休闲、乡村娱乐、乡村手工艺产业等属于文化产业、服务产业的项目中让人们接受美丽乡村的熏陶，同时也可以通过创意，使更多属于农业产业、畜牧与养殖产业、林业产业、农产品加工业等活动逐步增进审美体验，包括参与农业产品的种植、护理和收割、采摘的过程，均可使人们获得丰富的审美感受。

第二节　产业文化对乡村振兴产生的影响

一、产业文化的概念

通俗来讲，产业文化是指以产业为基础，展现出来的与相关产业有关的物质、行为、制度、精神等文化现象。其内容包含以下四个部分。

（一）物质文化

产业文化中的物质文化是指人类为了不同的目的（如延续生命等）而形成了各种各样的活动（如衣、食、住、行等），久而久之，这些活动转变为不同的产业，衍生出了特有的物质文化。这些物质文化主要体现在以下四个方面。

第一，饮食。产业与饮食之间相互影响，产业结构决定了饮食结构，而饮食倾向则对产业的发展起着重要作用。不同地区的饮食习惯不同，因此，不同地区的产业结构也不尽相同，其所表现出来的饮食文化也有所区别。

第二，产业景观。在生产、生活中，人们出于实用的目的而对自然景观和生活、生产空间进行改造，从而形成了房屋、道路等产业景观。产业文化依存于产业活动与空间连接。例如，农业景观由居住建筑、生产建筑、宗教信仰建筑以及文化、教育、医院等建筑构成，产业文化就诞生和存在于这些空间之中。

第三，建筑特色、风格与格局。为了适应不同的产业活动，人们对建筑物的风格和布局进行了改变，而产业文化就依存于这些特色与风格中。

第四，劳动工具。劳动工具是生产力发展状况的真实反映，其材质、风格、质量也反映了当时的工艺技术与产业发展状况，因此劳动工具是产业文化发展的重要表现和组成部分。

（二）行为文化

行为文化包括生活方式、生产方式、风俗时尚、节日、民间技艺、休闲娱乐等内容。

第一，生活方式。不同的产业在发展中所遵循的时间不同，生产方式也不相同，间接影响到生活方式的变化。例如，我国农业生产中形成了春耕、夏耘、秋收、冬藏的时令，而这一时令对中国古代乡村的生活方式产生了决定性的影响。

第二，生产方式。不同产业的生产步骤不同，从而形成了独特的生产方式。

第三，风俗时尚。在不同的产业生产过程中，由于生产者生产关系的不同，形成了各种各样的风俗，这些风俗随着产业的发展而演进、变化。

第四，节日。在产业生产中，人们发起了与产业生产或产业发展相关的各种活动，这些活动常在收获或农闲时节举行，久而久之衍化为节日。

第五，民间技艺。手工艺是除农业外，最早诞生的一种产业形式，通常以自然材料制作而成，常常包含着人们对于生活、信仰、自然、民俗等事物的想法或态度。除此之外，在产业发展过程中，人们为了生产或休闲娱乐等不同目的创造了连同手工艺、歌舞、杂技等在内的民间技艺，这些民间技艺是经地方产业所创造、融合的文化，是产业文化的精华。

第六，休闲娱乐。产业生产期间，人们创造了以娱乐为目的的民间艺术、游戏及其他休闲娱乐活动，这些休闲娱乐活动体现了人们对于生产、生活的情感。此外，这些休闲娱乐活动往往具有某种原则或规范，形成不同层次的社会伦理。

（三）制度文化

制度文化包括社会制度、经济制度和社会规范。为了保证产业生产，人们形成了各种各样的制度和规范，制度文化也是产业文化的重要载体之一。

第一，社会制度。社会制度是人们在产业生产生活中所形成的，为了满足人类社会发展需要而建立的各式各样的规范。社会制度具有局部稳定性特征。随着社会生活的发展，社会制度逐渐深入生活，形成了多样化、专门化的特点，对人们的行为产生约束或规范，使社会生活逐渐向健全方向发展。

第二，经济制度。经济制度是产业文化的重要组成部分，其包括产业经营与管理、咨询服务、信息传播网络、人际沟通模式等。古代，我国的经济制度围绕主要产业（农业）而展开，例如改良品种、引水灌溉等，这些种类多样的经济制度，对于产业的经营和发展具有良好的指导意义。

第三，社会规范。社会规范是社会成员的行为制度规则，约束社会成员的行为。在社会发展中，不同的产业在发展中形成了许多特殊的社会规范，这些社会规范根据社会成员的角色、从事的职业而有所不同。有的社会规范适用于所有社会成员，而有的社会规范只适用于某一区域或一定产业，这就是人们常说的"行有行规"。一般来说，对于社会规范，人们常常是自愿配合的，以免扰乱军心，破坏社会安定。

（四）精神文化

精神文化和物质文化均为产业文化的重要组成部分，包括历史轶事、宗教信仰等。

第一，历史轶事。历史轶事是许多产业文化的缩影，以戏曲、器物、文件或遗迹等形式记录下的历史轶事中包含了产业生产和生活的各个层面。例如，工具的发明、使用，或农业的经验等。

第二，宗教信仰。宗教信仰是指人们对特定的对象产生崇拜认同心理，并由此而产生了坚定不移的信念以及全身心的皈依。宗教信仰可以抚慰人类的心灵，引导人类不断地反省自我、超越自我并完善自我、实现自我。宗教信仰往往贯穿于特定的宗教仪式中，人们通过特定的祭祀仪式等加强信仰，而产业文化中的传统的宗教信仰行为常和生活相关，主要表现在祖先崇拜、岁末祭祀等。

二、产业文化的特点

（一）区域性

不同地区的产业发展不平衡，例如，北方游牧地区畜牧业发达，而南方沿海地区渔业发达等。因此，不同区域的产业文化不尽相同。

（二）传承性

产业文化中包含着大量的物质、精神、行为、制度文化，这些文化一旦形成，在固定条件下可以流传很久。例如，社会规范中有许多行业的行规，精神文化中有许多宗教信仰等，这些文化一旦形成就具有很强的传承性。

（三）丰富性

产业文化并不是一成不变的，而是随着产业的发展而不断丰富和发展的。例如，原始社会，人们一开始以采集食物和渔猎为生，后来开始发展农业。农业发展起来后，加工业等也陆续出现，最后随着经济的发展出现了服务业。近现代以来，随着生产力的提高，社会分工越来越细，产业越来越丰富，产业文化种类越来越多。因此，产业文化是随着人类的发展而不断丰富的。

三、产业文化的重要作用

产业文化作为一种内涵丰富的文化类型，其重点在于"文化"。著名经济学者厉无畏在评论产业的文化因素时曾说："忽视产业发展的文化因素和文化竞争力，是我国现阶段产业发展的软肋""产品的经济价值越来越取决于以文化为底蕴的观念价值"。[1] 因此，没有文化内涵的产业是无法长久经营的，只有从文化层面上推动产业发展，才能彰显产业的价值和生命。从产业文化视角观察当前的社会发展和产业振兴，通过表象，探及其背后的文化根源，不难发现，产业文化可以促进产业升级，增加农业经济利益，吸引游客，扩大商机，提升居民生活质量等。

四、从产业文化视角看乡村振兴路径

产业文化是一种内涵丰富的文化形式，近年来，随着信息化、数字化的发展，中国的产业文化进入快速发展期。从产业文化视角看乡村振兴，应尽可能重视文化的地位，通过对文化的挖掘和提升来带动产业价值，促进产业升级。

（一）转换产业发展思路，注重文化建设，深挖产业文化价值

传统产业的运作模式为"文化搭台，经济唱戏"，这也是当前乡村中流行的一种发展思路。然而，其重点在于"经济"，"文化"只是一个幌子，所以许多乡村建设虽然看起来繁盛，却属于一味模仿，没有自己的文化根基。从产业文化的视角看，无论哪一种产

---

①厉无畏，王玉梅.论产业文化化［J］.科技和产业，2004（11）：8-12.

业，文化要素才是其根本核心。因此，在乡村振兴建设中应重视文化建设，深挖产业的文化价值，从中发现产业优势，将"文化搭台，经济唱戏"变成"经济搭台，文化唱戏"，提升产业的文化价值，从而打造出乡村中有文化特色的项目和产品，避免产业发展模式的单一性和类同性。

（二）促进产业融合，带动产业升值，实现产业兴旺

近年来，我国乡村产业融合化趋势逐渐增强，如果从产业文化的视角实践，可以加速产业间的融合，提升产业的价值。例如，将手工业制造与创意产业相结合，通过举办专业的创意展会，对手工艺品进行设计和包装，提高手工艺品的附加值；又如，以专业的文化产业带动传统产业，通过动漫、影视等文化产品的传播，带动传统的玩具产业等。

（三）提升地方建设档次，改变地区形象，提高居民休闲生活质量

产业文化中包括大量物质文化内容，如景观设计等。从这个视角看，在乡村振兴中应用产业文化思维，如在建设乡村基础设施时，可以融入特色的建筑风格和布局，营造出独具地方特色的乡村景观，从而改变地区形象，提高当地居民的休闲生活质量。

（四）凝聚乡村居民共识，提升乡村认同感，凝聚乡愁与乡情

产业文化中包括大量的精神文化和行为文化，这些文化有的通过制度和规则对人们产生约束，有的则通过潜移默化的引导而感化村民，以达到凝聚乡村居民共识，提升乡村认同感的目的。此外，在乡村振兴中推行产业文化思维，还可以用地方特色文化唤起乡民的乡情，凝聚乡愁。

五、产业文化助力乡村振兴案例

本部分以关中第一民俗村——袁家村为例，探讨乡村产业融合之路。

（一）项目背景

袁家村位于陕西咸阳礼泉县，属关中平原腹地。2007 年开始开发建设，迅速崛起为"关中第一民俗村"，被誉为陕西"丽江"，此外，还获得了"中国十大美丽乡村""中国最具魅力休闲乡村""全国特色景观旅游名镇名村"等荣誉称号。

（二）项目资源

以种植业为主，村中无特色产业。

（三）项目开发运营中的产业文化思维

袁家村本身并没有独特的资源，村中只有 62 户人家，286 人，土地干旱，资源匮乏，是周边有名的贫困村。2007 年前，村中青年纷纷外出务工，老弱病残守家，是远近闻名的"空心村"，村中基础设施陈旧，一派萧条破败的景象。2007 年，袁家村计划走乡村旅游发展之路。然而，村政府请来的专家学者发现该村一无资源，二无产业，不具备旅游条件。但村干部却独辟蹊径，大胆创新，走出了一条独特的创新之路，如今袁家村村民年收入达 10 万元，成为国内乡村竞相模仿的"美丽乡村示范村"。袁家村的发展中处处可见产业文化思维。

1. 深入挖掘传统关中文化

袁家村的发展模式分为三个阶段：第一个阶段是 2007—2010 年发展民俗旅游；第二个阶段是 2011—2015 年发展乡村度假；第三个阶段是 2016 年开始大力发展产业融合。袁家村本身没有优势资源，但紧邻唐昭陵，距离西安也不远，开始打造旅游文化时，并没有借用这些非本地的资源，而是从当地的乡村民俗文化入手，打造民风民宿一条街。为此，袁家村大力挖掘了当地的饮食文化、建筑文化、市集文化等。

首先，建关中风味的传统民俗街。袁家村为了追求原汁原味的古关中风俗文化，当在只有百米长的街上建了六七家作坊，有传统的榨油坊、酿醋坊、老式磨面坊、织布坊、豆腐坊等。当游客来到这里后，看到磨盘在磨面，油坊在榨油，豆腐坊在做豆腐，醋坊在酿醋，纺车在纺线，游客还可上织布机体验，立刻就能感受到原生态的民俗文化，唤醒游客心中久违的"乡愁"。

其次，挖掘关中饮食文化。建好了主街，袁家村又开始寻找最地道的关中小吃。可是袁家村位置偏远，虽然国家给出了优惠政策，却没有村民愿意来这里做生意。袁家村就从周围村镇挑选民间厨师，选用本地原料烹饪地道的小吃品种。可是厨师来了，却没有游客，做了小吃卖不出去。为了不让这些来之不易的民间小吃就此消失，袁家村给这些小吃厨师发工资，其所售卖的收入也全部归厨师所有。而他们做出来的小吃以及所有民俗街上的所有农副产品，先供给游客，剩余的则发给村民，并送给陕西省或西安市的企业或部门人员，以此吸引游客上门。这样，袁家村用地道的关中特色小吃在乡村旅游市场中打响了品牌，吸引了大批游客。

最后，挖掘古代建筑文化。袁家村民俗街上的建筑均为青砖灰瓦、雕梁画栋的关中传统的老建筑，鳞次栉比，在声声叫卖中十分容易令游人沉浸其中。

2. 用文化提升产业价值

袁家村除修建民俗街外，还大力建设各种文化创意产业，修建了酒吧一条街、咖啡屋、艺术长廊、创意工坊、书屋客栈等，用创意文化产业扩展产业文化的广度和深度，增加景区的产品和项目，丰富景区服务，进一步满足了都市人群休闲度假的需求，向着多元化乡村度假模式转变。

在打造酒吧一条街时，袁家村第一家酒吧用免费住宿、彻夜经营等方式吸引游客，聚集了大量青年游客，发展夜经济；与此同时，袁家村的民宿也轰轰烈烈地发展起来，由原来的一日游慢慢向两日游、多日游转变。

3. 从产业文化入手促进三产融合

从 2016 年起，袁家村开始大力发展特色产业，用产业文化促进三产整合，带动整个乡村经济大步发展。

首先，用食品加工业带动农业生产。袁家村民俗街上的传统手工作坊生产的产品，以质优、保真为特点，家家户户工坊的木牌上均写有工坊主人的誓言，用质朴的语言宣传本地加工农产品。此外，政府通过产品质量检验后，为工坊发放质量检验合格书。这种原始与现代相结合的双重保障，使得农产品加工工坊的产品广受欢迎。例如，袁家村的酸奶最初是由一家家庭手工作坊生产出来的，却通过了国家食品安全认证，让游客消费时十分放心。该酸奶在火爆时期，一天可卖出数万杯。

其次，以三产带二产。袁家村的乡村旅游服务业从 2010 年开始越做越火爆，火爆的服务业带来了数不清的客源，这些游客在当地逛街，吃小吃，感受到了浓郁的关中传统文化，走的时候，免不了购买当地老街作坊中的产品，以延续这份"乡愁"和"乡情"。因此，作为第三产业的旅游业直接拉动了当地手工作坊的兴旺，手工作坊产品供不应求后，又成立了专门的加工工厂以及连锁加工企业，成为以三产带二产的典型案例。然而袁家村并没有止步于此，2016 年，袁家村的食品加工企业开始走出乡村，进军西安，把传统的关中民俗小吃搬到了繁华的西安大都市中，借助袁家村的旅游品牌迅速获得了成功，在西安这个以文化著称的城市中站稳了脚跟，创出了品牌。

最后，以二产促一产。随着第二产业食品加工业的兴盛，直接拉动了第一产业农、林、牧、渔业的发展，袁家村的种植养殖基地和订单农业等农业模式开始发展起来，并逐步带动了周围村庄的农业。此外，袁家村还以"旅游+""互联网+"的形式不断拓展新产业，推动农副产品的线上线下销售，培育产业新动能。

现在，依托产业文化，袁家村已经形成了一个品牌、两大产业链的清晰发展思路。其中一个品牌是"农字号"品牌，该品牌围绕农业、农村、农民形成了密切的联动机制，推动了袁家村产业的创新和发展。两大产业中，一个是旅游文化产业链。该产业链是以创意文化和民俗文化为核心而发展起来的具有高端化、系列化、个性化特征的产业链。目前，随着袁家村在乡村旅游市场上的日益火爆，袁家村旅游文化产业链也逐渐完善，成为袁家村未来发展的主要方向之一。另一个是农副产品产业链。该产业链以袁家村的农副产品加工食品为龙头，带动农副产品的养殖、加工、包装以及营销，通过独具特色的农副产品品牌和特色餐饮提升和放大市场价值。

第三节　文化 IP 赋能乡村产业融合发展思考

一、文化 IP 赋能乡村产业融合发展的现实性

实施乡村振兴战略是党中央的重大决策部署。2018 年的中央一号文件提出："乡村振兴，产业兴旺是重点"，要"构建农村一二三产业融合发展体系"[①]；2022 年的中央一号文件再次提出"持续推进农村一二三产业融合发展"[②]。一二三产业融合发展是乡村产业振兴的重要突破口。党的十八大以来，乡村一二三产业融合发展步伐加快，但产品仍处于价值链中低端，业态融合尚处于初级阶段，乡村产业聚合力亟待增强。随着数字经济快速发展和产业链衍生拓展，文化生产方式发生了巨大变革，文化 IP 开发已成为一种重要的产业革新方式。《乡村振兴战略规划（2018—2022 年）》提出，"深入挖掘乡村特色文化符号，盘活地方和民族特色文化资源，走特色化，差异化发展之路"，"推动文化、旅游与其他产业深度融合、创新发展"。[③] 广大乡村拥有深厚的文化底蕴和宝贵的文化遗产，具有乡村振兴的独特资源和比较优势。整合乡土文化资源，进而开发形成乡土文化 IP，不仅有利于乡土文化资源的传承创新，且能通过产业链的延伸和产业面的拓宽，将乡土文化资源的经济价值拓展到包括农业、轻工业、旅游产业等各个行业领域中，促进乡村三大产业以多元化形式开发，从而实现融合发展，为促进乡村产业振兴的内生化注入新动能。

IP 是英文"Intellectual ProPerty"的缩写，这个概念从 1967 年世界知识产权组织成立时就已出现，本义指知识产权，是一个法律概念。2014 年，IP 一词在我国文化产业界开始流行。最初，文化 IP 主要指有一定"粉丝"基础，可开发成电影的热门小说、歌曲、

①中共中央 国务院关于实施乡村振兴战略的意见［EB/OL］. http：//www. farmer. com. cn/zt2018/1hao/tt/201802/t20180204_ 1354953. htm.

②中共中央 国务院关于做好 2022 年全面推进乡村振兴重点工作的意见［EB/OL］. http：//news. cnr. cn/native/gd/20220222/t20220222_ 525747788. shtml.

③乡村振兴战略规划（2018—2022 年）［EB/OL］. https：//www. askci. com/news/chanye/20180927/0923071132939. shtml.

网剧等。后来，文化 IP 被认为可以只是一个概念，或者一个网络热词，只要有足够的"人气"，以之为基础可以衍生出电影、电视、游戏、音乐、动漫、文学，周边创意等各类文化产品。随着我国文化产业界对文化 IP 的深入认识，文化 IP 这一概念的内涵逐渐泛化，成为"有着高辨识度、自带流量、强变现穿透能力，长变现周期的文化符号"①，这些文化符号可以通过小说、动漫、影视、游戏等各种文化业态形式实现连接，进而开发形成庞大的文化产业生态圈，实现以文化 IP 为核心的跨业、跨界融合发展。从运营商角度看，文化 IP 代表着某种无形文化资产，具有巨大的市场潜力，可以通过市场化开发、商业化运营、产业化运作等手段转化为相关文化产品，实现价值变现；从消费者角度看，文化 IP 代表着某种体现消费偏好与品味的潜在文化产品，具有巨大的消费吸引力。在消费者不断追求美好生活需要的背景下，文化 IP 市场前景广阔。

目前，文化 IP 的开发与应用已经引起了学术界的高度关注。在文化 IP 开发的变现价值方面，李景平认为，以优质的文化 IP 资源为内核所打造的产品，可以冲破表现形式的限制，通过网络、展览等传播方式进行宣传，充分发挥文化价值和粉丝价值，实现经济效益最大化，IP 文化内涵的再开发性、IP 维系粉丝关系的市场价值、IP 的融资价值，均有助于推动我国文化产业规模经济和范围经济的发展②；张娜、徐童和葛学峰认为，文化 IP 能够将某一种文化内涵进行再加工，转变其表现形式，创造新的价值，是具有极高经济变现价值的资本，拥有优质核心内容和庞大粉丝用户群体的文化 IP，可以充分发挥粉丝经济效应，创造新的经济增长点③；刘骏、杨平均从文化 IP 开发的视角论证了中国传统文化和影视产业之间的有效衔接和融合发展策略④；谢芹认为，文化 IP 的培育和开发有助于提升制造业品牌形象⑤；李建军、王玉静分析了旅游文创产品的开发问题，认为文化 IP 赋能旅游文创产品开发时应注重文化 IP 载体的选择及 IP 内容的创新⑥；在文化 IP 开发的应用区域方面，沈宇峰、王舒阳认为文化与旅游的结合是城市经济增长的新亮点，应利用新媒体打造地域特色文化 IP，促进城市文旅融合发展⑦；缪芳分析了乡村文化振兴与乡村旅游建设的耦合性，探讨了乡村文旅融合背景下推动乡村旅游 IP 开发的路径⑧。可见，文化 IP 开发具有重要经济价值已成为学术界的共识，但相对来说，文化 IP 的产业应用大多局限

---

①文化 IP 如何实现高质量发展 [EB/OL]．https：//baijiahao.baidu.com/s？id=1616436685137016854.

②李景平．IP 开发推动我国文化产业实现规模经济和范围经济 [J]．齐鲁艺苑，2018（6）：103-108.

③张娜，徐童，葛学峰．产业融合背景下"旅游+文化 IP"融合路径研究 [J]．对外经贸，2019（10）：66-68.

④刘骏，杨平均．IP 时代传统文化与影视产业的融合策略 [J]．电影文学，2017（15）：26-28.

⑤谢芹．基于文化 IP 的制造业品牌提升策略研究 [J]．中国经贸导刊（中），2019（6）：87-88.

⑥李建军，王玉静．基于文化 IP 赋能旅游文创产品开发研究 [J]．北方经贸，2021（5）：146-148.

⑦沈宇峰，王舒阳．浅谈城市文旅发展视域下利用新媒体打造地域特色文化 IP [J]．文化产业，2021（31）：94-96.

⑧缪芳．文旅融合背景下基于 IP 赋能的乡村文化振兴路径探究 [J]．山西农经，2021（21）：21-25.

于影视、文学、旅游等文旅产业领域，对文化 IP 在农业、轻工业等文旅产业以外领域的开发运用，相关研究成果并不多，对文化 IP 赋能三大产业融合发展的研究明显不足。

二、乡土文化 IP 开发的现实价值

乡土文化是我国广大农村地区在数千年的发展演变中积累下来的物质和精神资源。在这一进程中，也产生，积淀了不少具有较强辨识度、拥有广泛接受度的特色文化符号和文化标识，为乡土文化 IP 开发提供丰厚的资源和滋养。从实践层面上看，我国一些乡村已出现了运作比较成熟的典型案例，比如陕西礼泉县烟霞镇袁家村以关中民俗文化为核心开发的"袁家村"文化 IP，浙江杭州建德三都镇镇头村以 20 世纪 60 年代建造镇头水库的故事为核心开发的"镇头大队"文化 IP，福建南平武夷山以茶文化为核心开发的"印象大红袍"文化 IP，等等。实践证明，乡土文化 IP 开发已成为新时期深入开发利用乡村文化资源的重要举措，对全面推进乡村振兴战略具有重要的现实价值。

一是有助于促进传统文化资源传承利用。党的十八大以来，习近平总书记就传承和弘扬中华优秀传统文化历史命题，提出了"推动中华优秀传统文化创造性转化，创新性发展"的重大方针。推动优秀传统文化创造性转化，创新性发展，目的在于从形式到内容实现优秀传统文化的新生，赋予其新的时代内涵和现代表达形式，激活其生命力，增强其影响力和感召力，融入现代百姓生活。乡土文化 IP 开发可以传承弘扬中华优秀传统文化，促进传统乡土文化与当代社会、现实文化、民众生活相融相通，实现乡土文化资源创造性转化、创新性发展的价值提升。要使传统乡土文化与当代社会、现实文化、民众生活相融相通，就要赋予优秀传统乡土文化以鲜明的时代特征，缩小传统文化与现代社会的距离，使之成为当代社会人民群众所喜闻乐见的文化形态，使之以新的时代魅力和风采滋养现代社会生活。

二是有助于挖掘潜在文化资本。从经济学角度看，文化资源是指具有文化内涵，通过合理的保护、开发和利用，能够将其有效地转化为资本，满足人们的消费需求并带来经济效益的资源。资本则是能够在运动中带来增值的价值。文化资源本身并不是文化资本，在未转化为文化资本之前，文化资源只具有潜在的文化经济价值。文化资本是文化资源在经济生产领域的活化，其核心是基于文化资本运动和增值的属性，通过文化创意手段和技术对文化资源进行有效开发，将文化资源转化为不同业态的文化产品和服务，并在市场化运作下使文化资源的潜在经济价值转化为现实经济价值。文化产业的发展过程就是文化资源转化为文化资本进而发展出产业效益、形成文化资产的过程。在人类社会发展进程中，文化生产方式也发生着持续变革。传统文化生产方式下，不同时间、不同区域、不同行业的文化作品和文化产品相互分割，文化传播和文化消费的路径模式相对单一，文化经济效率

低下。随着科技发展日新月异，文化与科技融合的进程不断加快，文化生产方式发生了巨大的变革。从文化资源到文化资本的各个转换环节实现了网络化与数字化，文化产品呈现出鲜明的跨时空、跨领域融合发展特征，文化经济效率显著提高。在现代文化生产方式下，文化 IP 的开发打造贯穿着文化资源转化为文化资本的全程，成为活化文化资源、促进文化资源转化为文化资本的重要路径。从国内外乡村产业发展经验来看，以消耗物质资源、利用便宜劳动力为特征的传统农业产业经济模式正在逐步向发掘文化创意思维、开发文化资源的现代文化产业经济发展模式转变。乡村文化资源作为我国广大农村地区所特有的产业发展要素，是乡村发展取之不尽、用之不竭的特色禀赋。乡土文化 IP 开发通过商业运营和产业融合机制，将传统乡村文化资源要素开发成为现代时尚文化符号，进而融入文化产业新业态、新模式，有助于将乡村传统、单一的农业原生态产品转化为文化创意时尚产品，促进文化资源的资本化和增值。

三是有助于创新乡村消费市场。长期以来，我国大部分乡村地区消费观念落后，消费市场狭隘，市场产品单一，乡村居民消费基本停留在以生活必需品为主的物质消费层面。随着我国经济社会的发展，乡村居民人均收入水平不断提高，美好生活需要日益增长，广大乡村地区消费市场潜力巨大。乡土文化 IP 开发能有效创新乡村消费市场，满足乡村居民日益增长的美好生活需要。从文化消费层面看，乡土文化 IP 开发可以通过"文化 IP+影视""文化 IP+旅游"等方式带动乡村文化基础设施建设，促进乡村文化产业发展，丰富乡村文化产品种类，提升乡村文化产品品质，不断满足乡村居民文化消费需求。从物质消费层面看，乡土文化 IP 开发可以通过"文化 IP+农业""文化 IP+工业"等方式带动乡村实体经济发展，以深厚的文化底蕴提升乡村物质产品的内涵，以其高辨识度的文化符号提升乡村物质产品的形象，从而强化乡村物质产品的品牌特色和提升品牌知名度，不断满足乡村居民物质消费需求。

四是有助于推进乡村产业振兴。我国大部分乡村地区，其主导产业仍然是传统单一的农业经济业态，产业布局较为分散，且土地资源整体利用率低下，在资金、技术、人才、信息等产业发展要素方面存在短板，因而阻碍了乡村产业振兴的发展步伐。特色文化作为乡村重要的资源禀赋，是我国广大乡村地区所特有的比较优势，对特色乡土文化资源进行 IP 化挖掘开发，能有效助力乡村产业振兴。例如，"镇头大队"文化 IP 的开发，包括塑造卡通形象代言人"小镇头"，建设"文化礼堂""镇头水库纪念馆""我们的故事走廊""时光照相馆""童年记忆跑道""镇头大队食堂"等特色景观体验区，采取可视化、互动化表达的方式，既促进了当地文化旅游业的发展，也带动了翠冠梨、辣椒、蓝莓等当地特色农产品的种植和加工，将故事和历史切切实实地变成了产品和品牌。实践证明，乡村文化 IP 开发能有效激活乡村文化资源，通过文化创意与数字科技形式的融合，促进文化资源、资金、技术、人才、信息等产业要素顺畅流通，有助于推进乡村文化产业链式发展，形成乡村农业、轻工业、旅游业等多维业态系统发展、整体发力的产业新格局。

三、文化 IP 赋能乡村产业融合发展的内在逻辑

产业融合是指不同产业之间或同一产业不同行业之间，因某一要素的跨业渗透而实现的相互关联与相互结合，从而逐渐产生新的产业业态及其产品的动态过程。在这一过程中，某一要素的跨业渗透起到了黏合剂作用，通过黏合作用使产业边界越来越模糊，企业合作越来越紧密，产业之间、企业之间的互惠共赢特征越来越突出。从融合对象来看，包括一二产业融合、二三产业融合、一三产业融合、一二三产业融合及产业内部不同行业的融合。产业融合发展是经济结构调整和消费需求转变的必然产物，也是推动乡村发展、实现乡村振兴的重要突破口。乡村产业融合即借助现代科技手段，通过产业要素整合、产业链条延伸、产业空间集聚、产业利益共生等路径，使大农业、乡村加工制造业与商品贸易、休闲娱乐等乡村服务业紧密关联，实现乡村第一产业、第二产业及第三产业之间的关联交叉、互补发展。乡村产业融合同样涉及乡村一二三产业之间的融合以及乡村各产业内部不同行业之间的融合。其中，乡村一二产业融合指以种植业、林业、畜牧业，渔业为主体的大农业与加工制造业的融合；乡村一三产业融合指以种植业、林业、畜牧业，渔业为主体的大农业与服务业的融合；乡村二三产业融合指加工制造业与服务业的融合；乡村一二三产业融合指以种植业、林业、畜牧业，渔业为主体的大农业与加工制造业、服务业的融合。文化 IP 具有融通不同产业媒介的天然优势，具有很强的跨产业拓展潜力，可以渗透到国民经济的各个行业。在乡村三产融合发展的过程中，乡土文化资源是乡村振兴的独特战略资源和比较优势，对乡土文化资源进行文化 IP 开发，能够很好地发挥其跨产业渗透的黏合剂作用。可以说，立足乡土文化资源的文化 IP 开发，能够成为赋能乡村产业融合发展的关键驱动力。

（一）乡土文化 IP 资源的产业化开发

乡土文化 IP 资源的产业化开发主要包括资源提炼、内容创作、传播聚合及产业赋能四大环节，其中第一环节是前提，第二、三环节是关键，第四环节是目标。

一是资源提炼，即从文化资源提炼出特色文化要素。高价值乡土文化 IP 的打造，前提是对古村古镇、文物古迹、农业遗址等物质文化遗产以及历史文化、民俗文化、红色文化等非物质文化遗产，以及包括自然风貌、名人典故、民间传说、风土人情等在内的乡村文化资源进行全面收集和系统挖掘，选取出最具乡土特色、最具可塑性的可符号化的文化要素。

二是内容创作，即将特色文化要素打造为文化 IP。打造文化 IP 要挖掘出乡土文化元

素有代表性的概念、人物、故事、文物或古迹，在"可符号化"的特色乡土文化元素提炼出后，需要为其设计外在标识并进行内容创作。内容创作至关重要，它决定着乡土文化IP传播的速度，决定着乡土文化IP跨界渗透及其融合产业发展的能力和水平。要结合时代特点和乡村的实际情况，在尊重乡土文化元素原有文化内涵的基础上，进行文化内涵和美学的转化与再造，打造出特点鲜明、目标受众易于接受和记忆、有利于传播推广的乡土文化IP。例如，日本熊本县的熊本熊文化IP，把熊本熊这一卡通形象"人格化"，设计了"熊本熊因为美食吸引而失踪""熊本熊腮红丢失""因减肥失败被降职"等系列故事内容，受到广泛的关注和喜爱。

三是传播聚合，即通过全媒体聚合文化IP粉丝力量。有故事的乡土文化IP要获得认可，还需要凭借媒体传播力量，吸引消费者群体关注和获得情感认同。唯有如此，乡土文化IP才能在消费者群体中站稳脚跟，并建立其影响力。要充分利用图书、漫画、影视剧、动画片、表情包、微视频、网络游戏等传统媒体和新型媒体，最大限度地提高文化IP内容曝光度，最广泛地聚合目标受众，围绕特定的文化IP形成强大的粉丝群体。例如，日本以"熊本熊"作为文化创意开发的各类艺术形象，广泛出现在歌曲MV、综艺节目、街头路演等多样化的活动中，"熊本熊"被打造成为一个超级"网红"，极大地活跃了日本文旅产业的发展；湖北省远安县嫘祖镇基于其独特的地方历史文化资源开发了"嫘祖文化"IP，并充分利用微信公众号"嫘祖故里"、搜狐号"美丽远安"、大型媒体网站"三峡宜昌网"等媒体渠道，打造出立体的"嫘祖文化"IP传播平台，为当地文化形象塑造、乡村文化旅游发展发挥重要助力作用。

四是产业赋能，即推进文化IP的产业化开发。文化IP开发的目标在于通过全产业链开发，延展盈利环节，拓宽盈利渠道，从而实现产业变现。产业赋能是文化IP开发的最终方向，以乡土文化IP为核心，从深度和广度上延展文化产业链条，促进乡土文化IP跨业渗透，有助于带动乡村三大产业联动发展。首先是赋能乡村第一产业，即将乡土文化IP应用到农业的生产、加工、流通、推广等环节，提升农产品的附加值和品牌特色，走特色化，创意化农业发展道路。其次是赋能乡村第二产业，即将乡土文化IP应用于由农业延伸出来的加工业、制造业，提升乡村制造业品牌价值，促进乡村制造业品牌传播，延伸乡村制造业产业链。最后是赋能乡村第三产业，即将乡土文化IP应用于旅游、餐饮、住宿、商业等服务业，提升乡村旅游产品的内涵品质，增强乡村旅游消费的体验感和获得感，推动文旅融合发展，释放乡村旅游消费市场潜力。

（二）文化IP促进乡村产业融合发展

在乡土文化IP赋能乡村产业发展的过程中，乡土文化IP的高渗透性和高凝聚力可以发挥强大的黏合剂作用，从而不断增强乡村各大产业之间的关联性、交叉性、互补性，推进和实现融合发展。

首先，文化 IP 通过产业要素整合增效，有力促进乡村产业融合发展。跨界整合生产要素、优化资源配置是产业融合发展的关键。就乡村产业发展而言，生产要素一般包括土地、劳动力、资金、技术、信息、管理等。我国乡村地区虽然土地资源丰富，但大多用于农作物耕种，同时，住宅、厂房等建设用地较为散乱，缺乏整体规划，因而存在大量土地闲置、土地资源整体利用效率低下的问题。此外，本地劳动力外流，外来劳动力欠缺，投资吸引力较弱，人才和资金匮乏，乡村产业空心化问题也比较普遍。加之乡村产业空间布局大多比较分散，产业之间缺少可以相互连接的节点，各产业之间生产要素的关联性、互补性不强，生产要素利用效率低下，产业融合发展进程缓慢。乡土文化 IP 的开发，可以对乡村现有要素资源进行有效整合，促进闲置要素资源的再生，使要素资源得到最大化利用；同时，通过 IP 文化内涵的价值渗透，可提升乡村土地等现有要素资源的附加值，增加现有要素资源的经济效益，使要素资源得到最优化利用。而且，文化 IP 理念在乡村地区的推广也有利于为人才和资金等生产要素提供价值创造的广阔舞台，乡村地区将因此更具吸引外部优秀人才和风险投资等优质要素资源的能力。乡土文化 IP 推进产业要素资源不断优化利用的这一过程，也是各产业之间生产要素关联性、互补性不断增强的过程，也必然是乡村产业不断融合发展的进程。例如，安徽合肥"三瓜公社"特色小镇就是通过对闲置校舍、老旧厂房、老旧民房等进行回收改造，打造出了集民俗、电商及美食为一体的特色村落，闲置土地资源得以释放并重获新生，乡村产业的融合发展得到极大促进。

其次，文化 IP 通过产业链条的延伸和重构，可以促进乡村产业融合发展。从产业经济学的视角理解，产业链是指"各个产业部门之间基于一定的技术经济关联，并依据特定的逻辑关系和时空布局关系客观形成的链条式关联关系形态"。随着科学技术和产业要素的发展创新，各个产业部门之间功能的交叉性、互补性会不断增强，产业链条会不断进行延伸和重构，最终实现各产业融合发展。乡村的基础产业是以种植业、林业、畜牧业、渔业为主体的大农业，现有的乡村产业链主要是以农产品的生产、加工、销售为主线，存在产业功能单一、产业链条短、附加值低等问题。文化 IP 在内容的持续创作方面具有很大优势，通过再创作可以实现内容创意的无限增长。从基础农业的层面看，开发乡土文化IP，可以打造出以乡土文化 IP 为品牌的系列特色农产品及农副产品，提升这些产品的附加值；可以通过"文化 IP+农业+生态（观光、体验）"等方式打造具有乡土文化内涵的乡村生态农业、观光农业或体验农业，最大程度地发挥出农业的多功能性，把与农业相关的产业增值留在农村。从乡村工业的层面看，除了特色农副产品加工外，乡村制造业还可以研发制造以乡土文化 IP 为品牌的系列特色工业产品，包括纺织品、文创品等；可以通过"文化IP+工业+旅游"等方式打造具有乡土文化内涵的体验工业、工业旅游等。从乡村服务业的层面看，可以利用乡土文化IP品牌发展特色餐饮、特色民宿、特色体育、文化旅游等。以乡土文化IP为核心，通过上述三个层面的共同发力，可以充分发挥文化IP的可塑性，激活乡村产业的创新力，为乡村产业的发展输送创意源泉，培育新型业态，最终形成以种养、加工、销售、餐饮、住宿、观光为一体的乡村产业链，推动乡村一二三产业融合发展。福建宁德的福鼎白茶文化IP开发就是一个典型案例。最初，福鼎白茶产业链只是简单的生产、加工、销售，但自从开发福鼎白茶文化IP后，福鼎市就以此为核心，推出了白茶小镇（包含产品研发、生产加工、农耕体验、生态旅游、观光博览、民间茶会等）项目、共享茶园（包含茶园认养、白茶仓储等）项目、白茶餐饮（包含啤酒、咖啡、火锅、冰淇淋、面包等）项目等，不仅促进了白茶产业的多元化发展，延伸重构了白茶产业链，原有产业链由此得到了优化升级，而且实现了以白茶文化IP为核心的农工商文旅体融合发展。

再次，文化IP通过产业空间集聚发展，可以促进乡村产业融合发展。产业集聚，即不同产业由于某一特定因素的驱动或某一主导产业的带动而在某个特定地理空间范围内的集中与汇聚。产业集聚发展既可以共享产业要素，实现规模经济效果，又可以互补产业功能，实现产业融合发展。乡村是具有显著地理空间特征的区域，拥有产业集聚发展的天然优势，但由于驱动因素缺乏或主导产业不强，乡村产业往往规模较小，产业分布较分散，产业集聚效果不明显。一方面，乡土文化IP具备高渗透性和高凝聚力的特征，以乡土文化IP为核心驱动因素，通过开发和建设美丽乡村、特色小镇、生态园区、主题乐园等路径，能够实现乡村三大产业的空间集聚与功能互补，促进乡村三大产业融合发展；另一方面，以乡土文化IP为核心塑造乡村特色主导产业如特色农业、特色旅游等，能够发挥主导产业的延展效应或辐射效应，带动乡村三大产业在某一特定地理空间的聚集，实现融合发展。上文陕西袁家村特色小镇发展模式就是一个典型案例：以关中民俗文化和当地农耕文化、乡村生活作为文化特色小镇建设的主要内容，整合当地建筑、节庆、饮食、传统技艺等文化要素构筑袁家村的文化基底，打造"关中印象体验地"，与旅游业相结合发展文化旅游产业，开发民宿、酒吧等衍生品，带动餐饮、住宿等服务业发展。在产业融合集聚推动下，"袁家村"成为一个有较高知名度的乡土文化IP品牌，在推动小镇特色产品手工作坊等加工业发展的同时，拉动种植养殖业发展。袁家村特色小镇正是通过这种"由三产推二产拉一产"的产业集聚模式，实现了乡村一二三产业融合发展。

最后，文化IP通过产业利益的共生联结，可以促进乡村产业融合发展。各大产业之间的利益共生、相互合作是产业融合发展水平得以稳固提升的重要因素。通过乡土文化IP的产业化开发，各产业之间在生产要素方面的关联性、在产业功能方面的交叉性、在产业空间方面的集聚性都会不断增强，乡村产业生态中的任何一方产业主体，其以乡土文化IP为核心展开的产业发展行为都将影响乡土文化IP的品牌声誉和品牌价值，进而对其他相关产业主体的产业链条和产业价值造成影响。也就是说，作为整个乡村产业生态的核心，乡土文化IP既是乡村产业发展的共享要素，又使得乡村各大产业成为风险共担、利益共享的共生体。这种紧密的利益共生联结关系，能促使乡村多方产业主体实现自觉协同，有效激活各个主体参与产业融合的积极性，稳固提升乡村产业融合发展的水平。

四、文化IP赋能乡村产业融合发展存在问题与推进思路

开发利用乡土文化IP，赋能乡村产业融合发展，推动乡村产业振兴，这已逐渐成为学术界的共识，也出现了不少成功的实践探索。但总体来看，存在文化资源IP挖掘特色不足、文化IP内容创意不足、文化IP活态转化质量不高、政策体制不够健全等问题，文化IP在乡村产业融合发展的能动作用还未得到充分发挥，乡村产业融合发展模式陈旧单一，发展水平比较低下的局面总体改善有限。为此，政府与企业应共同发力，以政策扶持为保障，通过政府引导与市场运营相结合的模式，积极推进乡土文化IP产业化开发，实现乡土文化IP对乡村产业融合发展的切实赋能。

（一）以市场需求为导向，推进乡土文化IP产业化开发

"中国特色社会主义进入新时代，我国社会主要矛盾已经转化为人民日益增长的美好生活需要和不平衡不充分的发展之间的矛盾。"[①] 在此背景下，城乡居民消费的个性化、多样化、品质化趋势日益明显。坚持以市场需求为导向，获得消费者的情感认同，是确保乡土文化IP产业化开发动力持续不竭的关键所在。

首先，要精准定位，促进乡土文化IP资源提炼，创意开展乡土文化IP内容创作。不同乡村地区的自然地理、人文历史和风俗习惯各不相同，乡村文化资源内涵各具特色。但在乡村现代化发展进程中，具有地方特色的有形或无形的乡土文化元素逐渐流失，文化脉络不清晰，文化资源分散杂乱，一些乡村地区难以建立其完善的乡土文化元素体系。这严重限制了乡村文化资源挖掘的深度和广度，选取出的"可符号化"的IP文化元素偏向于同质化，甚至存在照搬复制现象，并不能很好地体现地方文化底蕴和特色，原生性、差异化、特色化的乡土文化IP品牌不多，这就难以激发乡土文化IP的产业转化潜力。高价值乡土文化IP的原始内容载体，必须是拥有厚重的历史文化传统、具有高知名度和识别度的文化资源要素，这样的文化资源要素不仅容易提炼，而且增值潜力较大。高价值的乡土

---

①习近平. 决胜全面建成小康社会　夺取新时代中国特色社会主义伟大胜利——在中国共产党第十九次全国代表大会上的报告 [EB/OL]. http：//www.gov.cn/xinwen/2017-10/27/content_5234876.htm.

文化 IP 必须有情感、有思想、有价值，能引发人们的共鸣与思考。因此，提炼乡土文化 IP 资源，需要全面搜集、掌握本土文化元素，系统分析受众人群对这些乡土文化资源的认知度，以高辨识度、强价值属性的标准筛选提炼出"可符号化"的特色乡土文化要素，确保乡土文化 IP 资源提炼精准定位。在此基础上，创意开展乡土文化 IP 内容创作。文化 IP 庞大受众群体的形成依赖于其内容创作的新奇、独特、有趣，从而形成吸引粉丝的强大能力。乡土文化 IP 如果缺少创新创意，就很难得到受众认可。因此，要通过现代新颖的视听语言表达方式，创作出能满足消费者多样化、个性化、时尚化需求的当代文化内容，只有这样，乡土文化 IP 才能获得庞大的受众基础，也才能从众多的文化符号中脱颖而出。提升乡土文化 IP 内容创作的创意力，是扩大乡土文化 IP 传播力、影响力的前提，也是其在乡村产业融合中发挥重要驱动作用的前提。

其次，要有效促进乡土文化 IP 活态转化，提升乡土文化 IP 的传播效果。乡土文化 IP 开发出来以后，需要通过品牌传播及产业赋能进行活态转化。当前，受乡村基础设施、传播技术、传播平台建设滞后等因素的影响，乡土文化 IP 的传播效果还不够理想。因此，要充分把握 5G 时代网络视听传播趋势，根据新时代消费者的生活习惯和消费习惯，利用好微博、微信、抖音等新型媒体传播平台，增加乡土文化 IP 曝光率，打造乡土文化 IP "网红"，聚合粉丝流量群体。在产业赋能上，当前乡土文化 IP 与乡村实体产业上的融合还处在初级形态，乡土文化 IP 的文化内涵尚未真正"活"起来，产业转化、产业融合的广度与质量都有待提升。因此，要基于乡土文化特色，把握消费者追求消费品质、消费内涵的特点，将乡土文化内涵活态渗入相关产业产品的开发中，开发出具有创意性、内涵性、体验性的跨业态融合产品，着力提升乡土文化 IP 的活态转化质量，让消费者真正爱上乡土文化、充分感受乡土文化之美。

（二）以政策扶持为保障，推进乡土文化 IP 产业化开发

乡土文化 IP 的产业化开发是一项长期性、系统性工程，不仅需要中央政府全局的指导与规划，也需要各级地方政府建立起配套的政策保障体系。当前，一些具有特色乡土文化元素的乡村地区，由于资金不足、人才匮乏、技术落后的局限，尚未能够很好地进行乡土文化 IP 的开发。为此，各级政府要在顶层规划、招商引资、吸纳优秀人才等方面提供全方位引导、支持和保障，为乡土文化 IP 的开发运营以及乡土文化 IP 的产业赋能营造良好的政策环境。

首先，要优化乡土文化 IP 产业化开发的顶层规划。应全面系统建立乡土文化资源谱系，按照乡土文化 IP 开发的内在规律，根据地方特色文化资源禀赋及当地实际情况，科学制定乡村文化资源保护开发利用的中长期专项规划，积极引导和准确把握乡土文化 IP

产业发展方向，确保乡土文化 IP 开发兼顾社会效益和经济效益，实现统筹发展，尤其是要着力建立"政府+企业"的统筹协调机制，充分发挥乡土文化 IP 开发的市场主体作用和政府的政策引导作用。

其次，要拓宽乡土文化 IP 产业化开发的融资渠道。雄厚的资金支撑是乡土文化 IP 项目落地、人才技术引进、配套基础设施建设的前提。要全面完善各级政府部门的资金扶持政策，可设立乡土文化 IP 开发专项资金，对符合国家、省市投资重点的乡土文化 IP 产业项目，可以加大资金扶持。要积极探索、创新投融资政策。随着乡村振兴战略的实施，越来越多的金融机构、民间资本青睐乡村文化产业项目，对从事乡土文化 IP 产业开发的中小企业，政府应鼓励地方商业银行增大信贷扶持力度，向符合条件的中小企业和个人提供专项低息贷款。此外，还可以在土地、财税、市场准入等方面释放政策红利，更加广泛、更加有效地动员和凝聚各类民间资本投资，为乡土文化 IP 产业化开发构建起政府扶持、社会资本共同参与的多渠道资金投入保障机制。

最后，要引留乡土文化 IP 产业化开发的优秀人才。文化 IP 赋能乡村产业融合发展是全要素作用的结果，而人才、技术作为其关键因素，正是我国广大乡村地区的短板所在。同时，要通过奖补政策的创新，吸引高端专业人才和团队入驻乡村，为其提供从事乡土文化 IP 开发工作的广阔空间。对于愿意留下居住和工作的"新居民"，应构建新型社区，充分保障外来新村民的政治和经济权益待遇，鼓励他们参与村庄治理，最大程度地调动起外来人才参与乡土文化 IP 开发的积极性和主动性。要探索乡土文化 IP 开发特派员机制，遴选具有创新发展精神的企业家、创业者、社会工作者、艺术家、设计师等人才，选聘为"乡创特派员"，以他们为依托，推进乡土文化 IP 产业发展。要加强与高校、研究机构合作，通过产学研结合积极培育本地人才，鼓励大学生村官扎根基层。要积极改善乡村创业兴业的营商环境，鼓励支持回乡创业兴业的"原住民"及优秀人才，充分激发人民群众建设美丽家乡、美丽乡村的热情。

第四章 乡村生态文化振兴的构建

第一节 生态文化与乡村发展

一、生态文化的内涵

生态文化即是人类文化行为与其所处的自然环境之间相互作用的关系。这一概念揭示了生态文化的三层含义：首先，生态文化是一种人与自然关系的价值取向，人与自然是和谐统一的，不能割裂存在，两者之间相互影响、相互作用。自然限制人类的发展，人类的行为又直接作用于自然，对自然产生重大影响。其次，生态文化是以自然生态环境为主的一种文化形态。生态文化的主体是自然，只有自然生态环境发展良好，才能促进人类生态文化的可持续发展。最后，生态文化需遵循生态规律。自然万物都有其自身的发展规律，人类只有认识、遵循生态规律，才能实现人与自然和谐发展。

二、生态文化的特征

（一）传承性

传承性是文化的主要特征之一，任何文化形成后都有一个相互学习、模仿、繁衍、传承的过程。生态文化作为文化的一种，也具有鲜明的传承性特征。例如，当前的生态文化包含有许多中国古代的传统生态文化观念。古代农业生产中，物质循环利用的思想对于今天乡村生态文化建设仍然有着良好的借鉴意义。

（二）多样性

生态环境受到气候和地形的影响，形成了多种多样的生态环境。此外，全球有数百个国家、上千个民族，这些国家和民族之间存在着巨大的经济、文化差异，这些差异反映在人与自然的关系上，则产生了各式各样的环境行为，形成了多样化的生态文化。生态文化的多样性特征对于乡村振兴具有极大的指导意义，各地乡村的生态文化建设需避免"一刀切"的情况，应该具体问题具体分析。

（三）地域性

不同地域的气候与地形不同，且对自然的认识不同，所形成的生态文化也不尽相同。此外，同一地区人们对待自然和生态的观念随着时代的发展也会发生一定的变化，因此，生态文化的地域性特征也较为明显。

（四）国际性

人与自然的关系并不是某一个国家或民族的特定问题，而是一个世界性的问题。每个国家或民族都会面临经济发展与自然环境的冲突问题，因此，生态文化不存在民族性、国家性和阶级性。为了促进全球生态环境的发展，联合国曾召开专门的生态环境会议，并制定了一系列生态环境保护制度和规范，以推进全球生态文化建设。

（五）可持续性

人类是依存于大自然的生物物种之一，历史上人类与大自然的关系大体可划分为四个阶段。

第一个阶段是人类对大自然的膜拜时期。原始社会，原始人类不理解大自然中的种种现象，因此将其视为神灵，对大自然十分膜拜。

第二个阶段是人类对大自然的主宰期。随着社会生产力的发展，人类对自然认识越来越多，逐渐掌握了自然规律，并运用自然规律造福人类。

第三个阶段是人类对大自然的破坏期。随着工业革命的推进，人类对于大自然的资源进行了过度开发，极大地破坏了自然生态平衡，大自然也以灾难的形式对人类进行各种惩罚。

第四个阶段是人类与自然和谐相处期。随着自然灾难的增多，人类逐渐认识到了破坏自然的代价，从而转变观念，在生态环境中采取可持续发展的策略，既要在经济发展中利用自然、改造自然，又要在社会发展中保护自然，因此形成了生态文化的可持续性发展特征。

三、生态文化对于乡村发展的重要意义

（一）生态文化是培育乡风文明新风尚的重要助推力

培育乡风文明，是乡村振兴的重要内容。乡村生态文化紧跟乡村社会发展进程，以其自身独特的精神文化内涵，促进生态文化自觉的养成，重塑乡规民约，在培育乡村文明新风尚中发挥重要作用。

乡村生态文化能够促进生态理念与美好生态环境需求相契合。恩格斯认为："人本身是自然界的产物，是在自己所处的环境中并且和这个环境一起发展起来的。"① 基于优质生态环境下的乡村生产生活实践，生态理念贯穿始终，能够创建乡村生态和谐之美，在传承乡风文明的过程中，彰显了乡村地区广大群众对于优质生态环境的价值认同和精神诉求。乡风文明孕育着丰厚的生态文化元素，实现了生态价值共识向生态富美环境的现实性过渡，为塑造整洁村容村貌提供思想引领。

乡村生态文化能够促进生态价值观养成。生态文化以促进全民生态文明生活方式的养成为重点，人的思想观念则贯穿于这一方式之中。② 将生态文化融入村民的知识体系中，激发乡村文化的新活力，树立起乡村生态文明建设的主流价值观，有利于村民生态价值观的养成，从而促使其怀有对自然的敬畏之心，使得村民自发成为乡风文明新风尚的建设者和传承者。

乡村生态文化为乡风文明新风尚贡献生态智慧。乡村生态文化继承了中华优秀传统文化中"天人合一""道法自然"等生态智慧，与西方生态哲学等思想具有共通共融之处，有助于丰富乡风文明新风尚的内在意蕴。如安徽省徽州地区在继承中华优秀传统生态智慧的基础上，衍生出独特的地域生态文化，在乡村振兴中助推乡村生态建设，为乡村地区可持续发展提供了有益借鉴。③

（二）生态文化是发展乡村生态产业的重要支撑力

乡村生态文化在服务乡村振兴中，带动了乡村生态产业的发展，促进了乡村产业链的外延与拓展，丰富了具有乡土特色的生态文化内涵。大力发展乡村生态产业，培育生态文化产品，有助于夯实乡村生态文化的物质基础。

乡村生态文化使得乡村生态产业特色更加凸显。生态文化产业作为文化和经济相结合的产业新业态，为乡村振兴注入了生机与活力。在乡村生态文化的指引下，乡村产业渐趋生态化、体系化，生态文化资源得到合理开发和利用，产业效益明显提升，推动了乡村产业绿色转型。在发展乡村旅游业、休闲农业等产业中，生态文化实现了与经济的有机融合。如贵州省基于丰富的民族文化和自然环境的优势，将生态文化、民族文化融入旅游业中，以挖掘民族生态文化生产力为目标，大力发展生态经济。④

乡村生态文化能够引领乡村生态产业品质有效提升。乡村生态产业在与生态科技等现

---

①马克思恩格斯全集（第26卷）[M]．北京：人民出版社，2014：253．

②陈寿朋．生态文化建设论[M]．北京：中央文献出版社，2007：43．

③王玉明，冯晓英．徽州生态文化的借鉴价值[N]．安徽日报，2019-07-02（006）．

④李桃．挖掘民族生态文化生产力[N]．贵州日报，2021-09-15（009）．

代化技术的结合中，产业结构不断优化，生态文化产品品质稳步提升。近年来，在乡村地区持续推进的文化长廊、文化广场等文化服务基础设施建设，逐渐形成了文化设施体系，既充分挖掘了乡村生态文化资源，也为生态文化产业品质提升奠定了丰厚的物质基础。如山东省淄博市临淄区为进一步营造浓厚的乡村生态文化氛围，以乡村振兴和生态文化旅游为抓手，不断提供更多优质的生态文化产品，为美丽乡村建设提供根本保障。①

（三）生态文化是增进乡村民生福祉的重要引导力

马克思认为，自然、人、社会三者的统一是相互影响、相互关联的状态，而且拥有历史性，因而完成了自然史和人类史的统一。② 良好的生态环境是涵养生态文化的重要前提，在改善乡村生产生活面貌、增进乡村民生福祉等方面提供了有利条件。基于此，乡村生态文化则反映了人民群众对美好生态环境的精神诉求，致力于推动实现人与自然和谐共生。

乡村生态文化能够助力乡村生态宜居建设。在涵养乡村生态文化的过程中，乡村生态资源开发效率显著提升，主要污染物排放量呈下降趋势，人居环境明显改善。乡村生态环境的转变，更好地满足了人民群众的精神诉求。据调查发现，自 2020 年以来，福建省寿宁县西埔村全面开展人居环境整治攻坚，对 127 座房屋进行了立面改造，建设了 5 个公厕，有效地改善了当地村落生态环境面貌，有力维护了状元古村的文明形象。③

乡村生态文化能够扎实推进乡村共同富裕。生态文化贯穿于生态文明建设之中，具有阶段性与连续性相统一的特征。通过挖掘乡村生态文化的内在潜力，将乡村生态优势转变为经济发展优势，有助于实现生态民生与经济民生的可持续发展。在人与自然的交往过程中，乡村生态文化的价值得到充分彰显，生态效益共享范围逐步扩大，逐步实现了精神文化与物质文化的有机统一。如浙江省淳安县下姜村，不断探索乡村联合体共富模式，与周边 24 个村开展组团式、片区化联合建设，乡村集体经济收入同比增长近 44%，形成了浙江省美丽乡村蝶变的缩影。④

（四）生态文化是完善乡村生态治理的重要凝聚力

治理有效，是实现乡村振兴的重要保障。有效落实乡村生态治理要求，深化农村人居环境整治等专项计划，是美丽乡村建设的题中要义。乡村生态文化作为维系乡村生态治理的精神根基，在完善乡村生态治理中作用凸显，有助于构筑乡村生态振兴的文化支柱。

①崔明慧，赵曜华．提升农村生态环境　推动乡村生态振兴［N］．淄博日报，2021-05-14（003）．

②马克思恩格斯选集（第 1 卷）［M］．北京：人民出版社，2012：123.

③李泽，刘淑兰，钟霞．乡村振兴视域下乡村生态文化的时代价值及实践路径[J]．信阳农林学院学报，2022，32（1）：56-61.

④刘坤，陆健，刘希尧．抱团发展"大下姜"　共同富裕"浙"里行［N］．光明日报，2021-08-04（1）．

乡村生态文化在维系乡村生态环境秩序中作用凸显。乡村生态文化的传承与保护，为营造生态环境秩序提供了良好的文化氛围，在新时代美丽乡村建设和全面推进乡村振兴中发挥重要作用。在以创建乡村生态文化示范村为引领的美丽乡村建设行动中，生态绿构成了乡村生态走廊、村庄绿化等行动计划的发展底色。根据中国生态文化协会发布的2020年"全国生态文化村"名单显示，全国共有128个村被授予该称号，其先进建设经验获全国宣传推广，旨在深化社会公众对传承生态文化、留住美丽乡愁的认同感。因此，有效落实乡村生态环境治理举措，同样需要乡村地区广大村民从思想上认同，将高度的思想自觉厚植于生态环境治理行动之中。①

乡村生态文化在提升乡村生态治理能力中作用凸显。用最严格的制度、最严密的法治保护生态环境，是有效提升乡村生态治理能力的有力保障。生态文化在融入"自治、法治、德治"三治融合的乡村治理体系中，有助于丰富乡村生态治理内涵，增强乡村生态治理的内在吸引力。在制度建设中，生态文化理念贯穿始终，从而进一步深化了乡村生态文化建设的价值取向，并通过生态文化制度规范，有效提升了乡村生态治理体系的严密性。

第二节　乡村生态文化建设对策

一、乡村生态文化建设的价值逻辑

（一）以正确的观念引领人民思想

通过思想观念引领，塑造乡民们高尚的精神世界，推动其对于"美"的追求，促进乡村精神生活的愉悦与文化生活的充实。通常我们说，"小康不小康，关键看老乡。"其实我们还会补充道，"小康全面不全面，环境质量是关键。"乡村生态文化建设的发展导向在于"美"，是包含了生活美、习俗美、风貌美、时代美、人民美在内的生态和谐之美，这些"美"具象化到乡村建设问题上来，就是要加快推进乡村生态文化建设，尤其是要在提升乡村生态文明的过程中不断贯穿这一方针。这就表现在狠抓乡村经济发展的当下，更应注重围绕乡村思想与文化建设。要在培育物质文明与精神文明"双突出"的有素养、有抱负、有组织、有纪律的新时代农民的同时，大力继承并弘扬农村优秀传统文化，保护历史古迹、传承乡风乡俗，彰显农民对于生态优良、生活富足、生产发展的价值认同和对村容

---

①李泽，刘淑兰，钟霞．乡村振兴视域下乡村生态文化的时代价值及实践路径[J]．信阳农林学院学报，2022，32（1）：56-61．

整洁、管理有序、彰显特色的精神诉求，为营造美善的邻里关系，塑造优美的言行，打造秀美的村容村貌，提供观念引领、理念支撑和情感依归。乡村生态文化建设由心灵美而环境美，进而生活美，心灵美可以转化为环境美的内在驱动，环境美为生活美奠定良好的生态基础，为乡村建设提供物质基础和生态环境平台。

(二) 以完善的规制塑造公序良俗

通过规制构建，坚持因地制宜、分类推进，坚持政府主导和乡村主治，合理引导、适当规范，营造良好的公序良俗。随着新时代社会主要矛盾的转化，对于美好生活的诉求使得村民更为关注精神愉悦、秩序井然、邻里友善、村容村貌、生活富裕的乡村"美丽"颜值，因为这些都是百姓生存与发展的福祉所系。乡村生态文化建设的关键内涵即"美丽"的规制层面：就是要塑造美善的公序良俗与邻里关系。人们通常说，远亲不如近邻，邻望邻好、亲望亲好。乡村良好的公序良俗，邻里互助的乡邻友善，是乡村生产生活得以延续与更迭的重要的"软环境"。而这种乡村软环境的营造必须基于乡村建设的核心内涵即对于乡村文化的价值认同与观念支撑，同时也应当得益于这种价值认同之上的规制范式建构及其有效实施，也包括这种观念支配下的乡规民约的不断完善与入脑入心。通过移风易俗活动开展与村规民约制定实施，爱国主义、精神文明、社会主义核心价值观教育，引导村民摒弃陋习、倡导崇善守正、诚实守信、吃苦耐劳、邻里和睦、长幼有序的乡风乡俗。

(三) 以模范的行为起到榜样作用

通过倡导"美丽"的行为事迹，传播优美的乡事乡音，通过观念的内化于心，张扬规制的外化于行，知乎内而发乎外，知行合一，实现知与行的相得益彰。毋庸置疑，良好的愿景必须通过实践才能实现，心中的祈盼只有见诸行动方可达成。"树立什么样的典型，就明确什么样的标准；树立什么样的榜样，就体现什么样的导向；坚持什么样的导向，就会收到什么样的效果。"① 不仅要使全体建设者们在观念文化的认同和制度文化上实现内化于心，更强调做到在乡村建设的不断推进中付诸行动、外化于行，从而形成美丽乡村的价值取向、道德内省、榜样示范、先进引领，才能将生态行为文化贯彻于乡村建设的具体实践过程中去，不断丰富乡村生态文化建设的内涵，形成促进乡村建设的高潮的行动张力与精神动力的强大合力。

(四) 以高效的发展改善村风村貌

通过高效的发展切实解决乡村经济问题，实现生产发展、生态优良、生活富足的发展

① 本报评论员. 用好榜样的力量 [N]. 人民日报，2013-08-09 (1).

目标。乡村生态文化建设的具象而直接的体现就是其器物层面的物质成果呈现，即秀美的村容村貌、生态环境、完善的基础设施与经济发展成效等。秀美的村容村貌是其重中之重，尤其是房屋村舍、村容村貌等器物层面的呈现，是农村经济发展状况的重要体现与标识。秀美、生态、和谐乡村的根本内涵就表现为这些物质成果的展现，当然也包括农村的基础设施的建立健全与完善。如果说，农村"有钱就建房"、路上"晴天一身灰，雨天一身泥"、通信网络电力设施不齐备、干净的饮用水得不到保障、居住生活条件很差，这样的乡村就算不上是"美丽"的。同时其经济发展成效表现为，具有坚实的产业循环支撑和稳定居民增收渠道，合理的集体经济规模，良性的建设投入机制等。因此，始于观念，进而制度，再到行为而器物，由心而为、由内至外，内外兼修、心手互动，器物文化成为乡村绿色文化的显性外露，是建构绿色文化的器物具象。

概言之，生态文化视域下的乡村建设的四重价值具有内在的逻辑关联性。乡村建设的观念上到位，制度上就会进位，从而行为上就会入位，在建设成果的器物层面就有可能上位；否则，观念上缺失，制度上就会缺损，进而导致行为上缺位，最终就会造成乡村生态文化建设成果的匮乏。

二、推进乡村生态文化建设的实践路径

（一）落实生态文化理念宣传

以观念创新与价值认同为生态文化传播的基本原则，增强乡村环境规范与治理的理念文化培育，为乡村生态文化建设不断向前迈进提供理念参考和内在依托。乡村生态文化建设首先要从村民生态观念的改变入手。日益紧张的环境问题呼唤人民生态意识的构建，要推动人们生态环保意识的入脑入心。"积极践行重视生态质量、节约适度、绿色出行、保护环境、举报监督、共建共享的生态准则，全体公民成为生态参与的自觉行为者、主动宣传者，共同维护优美生态，建设美丽中国与美丽家园。"[①] 加大对传统村落的保护力度，加大对非物质文化遗产的保护与传承，加快对特色文化资源的有效挖掘，唤醒乡土文化的功能，让隐于乡土的"文化珍珠"显露出来，光芒"亮"起来，力争让乡村文化生活日日新，有活力，有生机，丰富村民的精神世界，进而提升群众兴业增收、发家致富的精气神。增强广大人民群众对于新时代中国特色社会主义建设远大抱负的价值认同和信念依托，使老百姓的知行合一和主动作为真正与生态文明建设的内在要求相契合。"要让广大人民群众共建共享生态文明成果，积极探索生态价值转化为经济效益的新模式，大力实施

①胡长生．习近平新时代"两山论"的思想内涵——学习《习近平新时代中国特色社会主义思想三十讲》体会[J]．中共天津市委党校学报，2018，26（5）：22-27.

生态扶贫，使生态文明建设成为人们脱贫致富奔小康的有效途径与载体。"①

第一，乡村生态建设是一项关乎农业生产方式、农民思维方式和农村生活方式变革优化的重要工程，是一项基于价值认同、理念支撑和民众广泛参与的兼具艰苦与繁琐的系统性工程。随着我国乡村振兴战略的实施，民众从谋求温饱到向往环保，从生存需求到生态渴求，从追求生活资料到渴望生活品质，民众对于居住的生态环境和饮食住行的环境安全要求不可同日而语，但是心理期盼与现实的反差，往往又使得乡村建设中的"不美丽"因素日益成为制约乡村建设的瓶颈与短板。毋庸置疑，受到知识和见识的局限，村民会在不同程度上对于国家当下的生态环境严峻形势、能源资源挑战和利益共建共享等方面存有偏颇认识，因而在推进乡村生态文化的建构进程中，观念认同与"两山论"协调要求上会存在偏差，村民参与的主动性、积极性也会与相关要求存在偏离，从而影响生态文化建设的实际效果。

第二，必须牢固树立和践行"绿水青山就是金山银山"的发展理念，确立美丽乡村的生态"颜值"就是经济效益的"价值"，努力把山前屋后的"绿叶子"转化为子子孙孙的"钱袋子"的高质量发展方式。美丽乡村是乡村发展的基础、农村经济的基石、村民生活的基本，要让生态美丽乡村成为村民遵循与践行的价值理念、道德观念。应当突出美丽乡村文化建设，制定全国性的《生态文化教育规划》，对社会广泛开展的生态文化教育宣传活动给予顶层设计与现实规划。同时，要大力推动乡村环境整体质量提升及其相关保护知识的广泛传播，注重宣传方式的民众认可度和多样性，譬如借助文化宣传栏、科普讲座、文化下乡、公益宣传等形式，同时通过政策引导，激励文学艺术创作，使得爱护生态、保护环境成为大家共同的行为习惯和生活养成，让村民接受生态环境保护知识，提升相应的观念认同，增强有关的情感依归，在全社会弘扬抵制生态破坏的精气神，传播防御环境污染的正能量，彰显人们对于"望得见山、看得见水、记得住乡愁"的情感认同与价值追求。因地制宜，大力建设生态文化长廊、文化墙，凝练社会主义核心价值观于乡村生态文化传播的方方面面。

第三，深入开展"立家规、承家训、传家风"等活动，大力培育优良家风、文明乡风、和谐社风和乡贤文化，将移风易俗工作与社会文明提升挂钩，实现破陋易新、弘扬社会风尚。通过将政府引导与区域治理相协调、榜样示范与行为驱动相统一、理念认同与制度保障相衔接，努力构建乡村生态文化的三个"方位"，即在宣传中确保生态文化的到位、在示范中实现生态文化的进位、在教育中推进生态文化的补位，有效形成生态文化培育的

---

①张赛，徐保风. 习近平生态文明思想研究述评［J］. 中南林业科技大学学报（社会科学版），2019，13（6）：7-14.

心理驱力、思想定力、内生动力、实践合力，确保乡村生态建设人人享有，建设美丽中国。要加强生态文化的宣传工作，形成"生态文明人人有责，文明生态人人共享"的良好氛围，提升生态文明建设的社会公众参与度，形成绿色低碳循环的生产生活方式，有效地激发全社会致力于生态文明建设的主动性、积极性和创造性。适时举办群众喜闻乐见的活动，传扬好家风，承继好庭训，宣讲好党的政策。

（二）保障乡村制度稳定运行

狠抓乡村制度的完善与落实，为推进乡村生态文化建设发挥制度的保障性与优越性，不断培育乡村环境治理的制度文化优势。卓有成效的乡村环境治理依赖于有效的制度保障。事实上，由于农村环境近年来呈现积累性态势，生态环境质量不容乐观，这种对于自然的破坏不仅源自于违规、违法废弃物肆意排放的"流量"，也取决于历年来污染问题处理不当造成的自然环境中累积的污染物"存量"。乡村环境污染来源依环境要素进行分类，主要涵盖生活污水污染、种植业及养殖业废弃物污染、建筑材料及噪声污染、农村施肥等因素；它具有离散性、隐蔽性、沉积性、空间异质性等特点；其主要原因在于意识薄弱、技术缺乏、人才不足、设施不全、政策乏力、投入不够等。乡村建设，制度保障不可或缺。

推进乡村文化建设应当完善相应的制度建设。首先，大力推动生态文明体制改革全面落实，以"受益者补偿、保护者受益、污染者赔偿"为遵循原则进行制度设计，不断建立和完善最严格、最严密的制度与法治设计。乡村生态文化建设的制度构建，就应该在程度上确保威严，在内容上做到全面覆盖，在过程上做到衔接顺畅，形成农民共有的制度认同和思维。其次，应当使制度落地。一分部署，九分落实，制度重在落实。好的制度安排不能仅仅成为文件中的内容、墙壁上的标语、嘴巴里的口号，而应当将其转化为实践的规制、行动的规约和工作的规范，如此才能取得预期的善治效果。与此同时，应当充分发挥乡规民约的规制作用，体现乡村建设的根本要求，进一步完善乡规民约，在乡规民约中凸显节俭惜福、节俭持家，"一粥一饭当思来处不易，半丝半缕恒念物力维艰"等传统美德。在借鉴河长制、湖长制、林长制等制度探索经验与做法的基础上，积极探索和施行乡村建设的路长制、街长制、山长制等个人责任制，并使制度约束与个人自觉能够真正落到实处。特别是将乡村建设中形成的制度理念、范式、经验等植入实践之中，是培育形成以主体合力为核心的生态制度文化的重要载体和组成部分。同时应当充分发挥乡规民约的内生引导性作用，为村民参与乡村生态文化建设建构良好的公序良俗。

通过制度文化之于乡村生态建设的规制作用，努力完善村民生态建设参与的体制机制，也就是通过村民参与，推动村民向乡村建设的主体角色转换，使社会发展的内在要求与民众真正享有知情权、表达权、决策权、监督权的保障相结合，提升民众政治参与的热情和动力，使其能够共建、共享乡村生态文化建设的成果，形成"村民大会集体商量、村级组织自主申报、农民群众全员参与"的工作标准，把乡村建设的主动权交给村民，形成有利于变"要我建"为"我要建"的制度文化氛围。

（三）大力加强乡村文化示范

乡村榜样示范要以先进文化发展方向为标准，倡导和弘扬在乡村生活、建设过程中起到突出示范作用的优秀行为文化，树标杆、立典型、扬正气，为推进乡村生态文化建设树立行为标杆。榜样的力量是无穷的，典范的影响是深远的。应当注重加强村民生态理念的培育与倡导，以切实可行的举措保障乡村生态文化建设的有效有序开展，大家做到知行合一、人人参与、人人受益，不留死角、实现全覆盖，致力于建设美丽宜居的新环境，使乡村成为空气清新、山清水秀、心情舒畅的美好家园。

第一，在实践中树典型、立标杆，充分发挥其导向与示范作用的同时，大力发掘和展现乡贤文化中所蕴藏的文化基因，张扬乡村历代先贤的典型示范作用。乡贤文化是乡村历史积淀和传承而来的文化底蕴，往往通过乡村历代先贤的乐善好施、修桥补路、扬善抑恶等高尚言行体现出来。榜样的力量是无穷的，身边的榜样是最好的示范。高尚的乡贤品行是主旋律的历史注解，是正能量的具象写照，村民理解得了、体会得到、学得了样。

第二，积极倡导资源节约、尊重自然的行为并使之成为人们的行为准则与习惯。塑造身边的好人形象，培育典型、正面、向上的榜样，引领新风尚，传递正能量，以健康高雅的社会主义精神文化生活吸引广大的乡村民众，让他们远离赌桌、酒桌、牌桌，远离封建迷信活动，远离邪教和非法传销，减少酗酒、赌博、打架斗殴等现象，抵御歪风邪气的浸染，回归到乡村公序良俗的正轨，让乡村发展充满正能量。应当按照"生产发展、生活富裕、村风文明、村容整洁、管理民生"的原则思路，不断践行绿色发展与创新发展理念，坚持"少动几揪土、不砍一棵树"，倡导"三宜三不宜"基本原则，即是宜早不宜晚、宜固不宜迁、宜藏不宜露。在稳固传统农业优势的前提下，以乡村生态文化建设为契机，依托资源禀赋，贴近市场需求，依据乡村实际，差异发展，不断探索、开拓新路径，培育新型经济主体，以"主体"的力量为突破口和着力点，调优产业结构、调绿生产方式，理顺产业体系，让现代农业、休闲农业和乡村旅游业在乡村落地生根、开花结果。

（四）不断丰富乡村文化载体

第一，以共建共享秀美乡村为物质文化载体，将乡村环境治理的物质文化进行不断培育，彰显乡村建设与生态文化传播的物质外化。十九大报告明确提出了建设以政府监督统筹为主要导向、市场经营者为参与主体、社会群团组织和广大老百姓广泛参与的生态环境保护机制。作为一个系统工程，乡村生态文化建设需要调动各阶层、各领域、各种力量的参与和联动。从深层基础而言，不断提高村民的生态保护意识，营造村民践行生态文化的良好氛围，让人们在日常生活中做到知行合一。建构生态美丽乡村而赢得的绿水青山、蓝天净土等，具象而具体，看得见又摸得着，很容易唤起人们对生态环境的保护意识和对于美好生态产品的价值认同与观念共鸣，从而增强人们致力于建构美丽乡村的自觉性、自信心与主动性。依靠乡村文化建设所取得的突出成果，进一步赋予村民以乡村生态文化中所蕴含的丰富的制度范式、理念支撑与行为典范，使其能够内化于心、外化于行。以看得见、摸得着、分享得了的乡村生态建设的器物文化成果，进一步为推进乡村建设提供深厚的生态器物文化引领与支撑。

第二，乡村生态文化建设中应当界分和处理好生态治理问题中的"流量"和"存量"之间的关系，乡村生态治理既要关注"流量"，也要重视"存量"。"流量"问题是关注的重点，集中于乡村生产建设解决"存量"问题首当其冲。当然，重中之重是必须深入践行"绿水青山就是金山银山"的理念，将美丽乡村的生态优势转变为经济优势。乡村生态建设是一项系统工程，需要各部门整体联动，各负其责、形成合力。倡导和践行"生态+"理念，推行生态+农业、生态+乡村旅游、生态+乡村休闲、生态+乡村养老等模式。"生态+文化"的全域旅游理念下的乡村旅游、生态旅游、养生旅游等，不断促进农村的落后产业转型升级。采用集约绿色公共设施、丰富农民文化娱乐生活、改善农村人居环境、确保相关配套功能齐全等保障措施，牢固树立以新发展理念为思想引领，着力构建全方位、全领域、全地区发展新格局，打造绿色、文明、富足、和谐的美丽家园。

第三，注重凸显乡村特色的差异化发展。乡村生态文化建设工作应当遵循"一乡一特色、一乡一风情、一乡一产业"的发展模式，立足于区位优势、人口组成、资源禀赋、产业特色、乡村文化、乡风民俗等要素，突出乡村风貌、旅游服务、古村古镇和自然景观的融合发展，为乡村建设注入持久生命力。具有生态旅游禀赋优势的乡村，应当充分利用好湖光山色、阡陌交错、特色农家乐所带来的高附加值，贯彻落实"一村一业""一村一韵""一村一特"方针，加速推进优特农产品品牌构建，带动村民发展生态与休闲观光的绿色产业，打造出崇尚发展、特色鲜明的乡村经济环境。当然，在乡村生态文化建设推进的实践路径中，应妥善处理政策导向与农民个体、市场及社会与政府三者多元互动、尊重现实差异与实现标准统一、专项财政奖补资金与乡村建设统筹规划、乡村"硬实力"和"软实力"等几对概念之间的联系，使得乡村生态建设逐步迈向共建共治共享，使共建共治成为村民的自觉作为，将共享作为村民的价值引领，充分激发村民自发致力于建设生态、美丽乡村的行动热情和实践智慧，实现民众贡献者与共享者的有机统一。

乡村生态文化建设应当遵循和践行"望得见山，看得见水，记得乡愁"的要求和理念。因为，生态美丽的乡村不仅仅是外在的"秀"，而且更为重要的是内在的"慧"，强调的是，内外兼修，秀外而慧中。内化于心、外化于行，由内而外散发出的这种精神张力，不断成为推进乡村生态文化建设、进而成为乡村振兴的强大精神引领、制度规约、行为范式与成果外化激励。

第三节　特色乡村生态文化景观打造

一、生态景观的概念

景观是指由一系列景观元素符号组成的一个有机集合体，是具体的空间形态。生态景观是一种由社会、自然、经济组成的多维生态网络，其内涵十分丰富，包括自然景观、经济景观、人文景观等多个方面。

乡村景观是指乡村区域内的所有自然、社会、人文以及经济等因素在内的整体体现，通常表现为田园色彩的聚落形态。

乡村生态景观是指乡村中存在的生态环境、资源景观，从生态文化角度看，乡村生态景观建设有三个方面的内涵。

第一，绿色基础设施。基础设施建设是支撑社会发展的重要保障，乡村基础建设中包含有大量的公园、农田、河流、森林、湿地等绿色基础设施，这些设施调节空气质量，改善水土质量，是乡村生态建设中的重要组成部分。

第二，生态系统服务。生态系统服务是指包括生物多样性保护净化环境、调节气候和水资源、控制有害生物等在内的人类从生态系统中获得的益处。生态系统服务要注意多种生物的生态系统布局和优化，通过合理物种循环提高资源利用率，提升生态景观价值。

第三，生物多样性保护。乡村生态景观建设中包括许多动物、植物、微生物等多种物种组成的景观，包括物种多样性、景观多样性、遗传多样性、生态系统多样性四个层面。生物多样性保护是乡村生产生活和建设中的重要指标之一。

乡村生态文化景观建设应从以上三个方面入手，加强对农业景观生物多样性的保护，全面提升农田生态系统服务功能。

二、乡村生态文化景观的建设目标和原则

（一）乡村生态文化景观建设的基本目标

在乡村振兴建设中必须树立和践行"绿水青山"就是"金山银山"的理念，坚持在乡村中构建良好的生态环境，而乡村生态文化景观的建设即是坚持"绿水青山"理念，推动乡村生态环境建设的重要手段。因此，在乡村生态文化景观建设中，始终围绕一个理念，即生态发展。树立一个基本目标，即利用乡村中的自然资源和条件，有规划地做好乡村自然资源的保护、开发和利用，打造具有乡村特色的生态文化景观。此外，在乡村生态文化景观建设中，通过挖掘乡村景观资源的经济价值，推动乡村生产、生活、生态环境建设，促进乡村经济、生态平衡发展。

（二）乡村生态文化景观建设的原则

在乡村生态文化景观建设中，应本着整体规划、突出特色的特点，把握以下几项原则。

第一，突出可持续发展原则。乡村生态环境建设既要立足于当前经济发展，也要着眼于长远规划，乡村特色生态文化景观建设也是如此。首先，对乡村中的空闲土地、基本农田耕地以及生态发展规划进行详细的了解；其次，做好原始自然资源的保护和开发；最后，结合乡村特色，对乡村生态文化景观进行建设。

第二，突出生态的艺术性原则。田园景观是乡村中最为传统也是最天然的一种景观，它可以设计得更加艺术化，使之呈现出与众不同的艺术之美。乡村生态文化景观建设中应将乡村中的原始自然景观放在首位，在维护乡村生态系统平衡的基础上突出生态的艺术性，构建一个美观、舒适、健康的乡村文化景观。

第三，突出整体协调原则。在乡村生态文化景观建设过程中要将所设计的生态景观纳入到整个乡村的发展中思考，既要与当地的特色地形、地貌相协调，又要兼顾各方利益，达到经济效益、社会效益和生态效益的平衡。

三、我国乡村生态文化景观建设中存在的问题

我国乡村生态文化景观建设发展稍晚，当前，在乡村生态文化景观建设中还存在着许多问题。

（一）生态景观规划设计不合理

乡村生态文化景观设计不同于城市，乡村气候、植被、地形地貌不同，因此在景观设

计时要因地制宜。然而在乡村现有生态景观建设中存在着许多设计不合理、模仿和抄袭城市景观的现象。这些经过了城市化改造的景观不能突出乡村特色，使得乡村生态文化景观成为城镇景观设计翻版的附庸，这不仅破坏了乡村原始自然生态景观，也失去了生态景观规划的意义。

（二）生态景观建设管理机制不足

当前，中国乡村生态景观设计和规划过程中，没有专门的管理条例和管理办法，而管理机制的缺失，直接影响乡村生态景观设计的整体性。这导致在乡村生态景观建设中注重短期利益而忽视了长期利益，常常出现随意开发建设生态景观的现象。

（三）生态景观建设文化传承理念缺乏

乡村文化中蕴含着丰富的文化理念，然而当前阶段，我国乡村生态景观建设中存在着过分追求经济效益、忽视生态文化传承的现象。缺乏生态文化传承理念的景观建设对乡村原始的生态景观进行大肆破坏，使我国众多宝贵的非物质生态文化面临着消失的局面。

（四）特色生态景观建设不足

当前阶段，乡村中的生态文化景观同质化现象十分突出，每个乡村景观都给人以"似曾相识"的感觉，"千村一面"现象突出。造成该现象的原因是缺乏对当地特色生态文化的挖掘，只想通过简单的模仿换来巨大的经济效益。例如，近年来各乡村生态景观建设中大量上马古街、古镇、玻璃栈道等毫无特色的项目，对当地的生态环境造成了极大破坏。

四、打造特色乡村生态文化景观的路径

在乡村振兴条件下打造特色生态文化景观需立足乡村，长远规划，秉承"以人为本""天人合一""自然和谐"的宗旨，将乡村的自然资源、生态环境和生态农业结合起来，推动乡村的生态效益和经济效益健康、可持续发展。

（一）科学规划生态景观建设

科学规划是生态景观建设的基础，在乡村特色生态文化景观建设时，要充分考虑当地的生态环境，结合当地的经济条件、农村人口的分布等，同时结合农村的整体发展规划，始终立足于生态环境保护，从生态环境的角度出发，详细制定科学的建设方案。

（二）加强乡村生态景观建设管理

制度是保证乡村生态景观建设顺利实施的关键，只有制定了严格的制度，才能改变当

前阶段乡村生态景观中破坏生态环境的，不考虑当地特色和环境，胡乱拼凑景观设计现象。

（三）树立生态景观建设文化传承理念

乡村生态文化中包含着大量的和乡土民风融合在一起的，包含乡土文化、民俗风貌在内的传统文化，这些文化是乡村文化的根基和灵魂，在生态文化景观建设中要保护、开发、利用当地的乡村文化遗产，使生态景观设计能更好地融入传统的文化建设思想。

（四）突出地域特色生态景观建设

生态文化内涵丰富，形式多样，乡村地域特色生态景观建设中要充分利用当地的特色生态文化，从气候、生物特性、地形地貌、历史文化等背景出发，与乡村旅游产业规划相结合，突出地域性的特点。

五、乡村生态文化建设案例分析

（一）项目背景

合掌村坐落在日本岐阜县白川乡的山麓里，这里生态环境十分优美，被誉为"森林与溪流之国"，周围多雪山和森林，小山村则藏在群山之间，犹如一个隐秘的桃花源。

（二）项目资源

合掌村的历史文化资源和生态资源都十分丰富。首先，"合掌造"的房屋多建造于约300年前的江户至昭和时期，其屋顶形状如同双手合掌60度，该村庄因此得名"合掌村"；其次，合掌村的日本民俗文化十分丰富；最后，合掌村的生态文化资源丰富，具有独特的生态文化建筑景观。

（三）项目生态文化景观分析

合掌村坐落于青山绿水之间，生态文化资源突出，民俗文化资源丰富，而合掌村在生态文化景观设计上也充分尊重生态文化，打造了独特的乡村特色生态文化景观。

1. 原生态建筑保存良好，与自然融为一体

合掌村中的建筑为独特的茅草屋建筑，这是当地乡村独具一格的生态景观特色，距今约有数百年的历史，十分珍贵。1965年，合掌村中突发大火，烧毁了村中一多半茅草屋建筑。眼看合掌村这一具有民俗和生态文化景观双重特色的房屋就要毁于一旦，村中的几个

有识之士站出来带领大家重建家园，将这种独特的茅草屋建筑保存下来。由于合掌村的茅草物建筑每隔一段时期需用新的茅草替换旧的茅草，以保持建筑的防水防晒功能不受影响。因此，历史上的合掌村每家每户都有囤积茅草的习惯。在村中大火后，人们从共同保护家园的劳动中感受到了集体劳动的快乐，从此继承了囤积茅草的习惯，将集体劳动的习惯也保留下来。每当村中的房屋需更换新茅草时，合掌村的老老少少都会携带自家所囤积的茅草赶来，共同帮助房屋主人更换新茅草。这种集体劳动的效率很高，往往一天就能完成一家房屋全部茅草的更换。合掌村的村民们将这种互相帮助的行为，称为合掌建筑景观中"结"（团结）的力量。现在，合掌村男女老幼上百人共同更换房顶的场景非常壮观，已经成为一道独特的民俗、生态文化景观。1965 年，联合国教科文组织第 19 届世界遗产委员会将合掌村认定为世界文化遗产。

2. 独具特色的生态文化景观开发

合掌村在开发时，为了确保当地独特的自然环境资源不被破坏，采取了两大策略。

第一大策略是当地村民自发组织，共同成立了名为"白川乡合掌村集落自然保护协会"的民间组织，这个协会约定共同遵守白川乡制定的《住民宪法》，这一宪法中规定，合掌村的所有耕地、树木、山林、建筑均"不许贩卖、不许出租、不许毁坏"，这三大原则犹如铁律，任何村民不得触犯。

第二大策略是"白川乡合掌村集落自然保护协会"制定了《景观保护基准》，针对旅游开发中的道路、建筑景观甚至广告牌都做出了明确的规定。该基准指出，合掌村中的道路均需用泥土、沙砾、自然石铺装，体现出其与周围环境融为一体的纯天然状态，而不能使用城市道路修建中的硬质砖铺路，以免破坏乡村的生态文化环境氛围；装设空调、管道以及大的箱体等现代化设备时，必须放置于隐蔽位置或街道后，不对原有的景观产生破坏；户外广告装置也需采用与周围景观融为一体的材质建成；除此之外，包括农田、水田，田中道路等自然生态景观，均不许随意改动，必须遵循原状。

3. 建立合掌民家园民俗博物馆

随着现代工业社会的发展，与世隔绝的"世外桃源"也免不了受到现代思想的影响。合掌村的一些村民出于种种目的移居城市，留下了许多空屋。合掌村的管理者并没有任凭这些空屋闲置，而是在协会的策划下将空屋的生态文化景观进行了重新设置，使其摇身一变成为"合掌民家园"民俗博物馆。在博物馆中，室内、院落的布局都力图还原历史的本来面貌，其中，展出物涉及日本传统农业相关的生活、生产用具，合掌村茅草屋建筑的结构、材料、建构方法的模型，使其成为一座名副其实的民俗博物馆。

"合掌民家园"民俗博物馆由多栋合掌建筑组成，该博物馆的外在生态文化景观设计也独具特色。每一栋建筑的房前屋后均种上花草植物，在外部形成了一个小型的园林景观，原始乡村建筑与天然园林景观相互映衬，构成了审美价值极高的、生态环境和谐的乡村景观。

整座"合掌民家园"民俗博物馆的生态文化景观，从外部看就是一个巨大的天然花园，这个天然花园中设有水车、瀑布、竹林、小溪、花坛、座椅等景观或设施，这种自然形态的美丽景观赢得了全世界游客的一致称赞。

4. 旅游景观与农业发展相互影响、促进

合掌村虽然以生态旅游著称于世，然而该村的村民则达成了共识，那就是旅游业的发展，不能影响该村的农业发展。作为一个位于大山中的自给自足的乡村，合掌村村民对于农业生产具有特殊的感情。为了更好地发展农业和旅游业，合掌村所在的白川乡制定了乡村五年农业发展规划。该乡现有 1950 亩耕地，其中水田为 1650 亩，农户 229 家。除水稻外，该乡农副产业还有水果、蔬菜、花卉生产，养牛、养猪、养鸡、养蚕等养殖业，以及简单的农副产品加工业等。为了促进观光旅游与农业生产的结合，提升旅游业和农业的经济效益，合掌村所在的白川乡将当地的农副产品及健康的加工食品与旅游挂钩，游客在观赏民俗景观，感受自然生态的同时，不仅可以在当地品尝新鲜的有机农产品，还可购买当地的农产品。这种农旅结合、就地销售的方法，不仅大大提升了旅游效益，还减少了人力和运输成本，取得了一举多得的良好效果。

（四）项目总结

合掌村作为一个大山深处的小村落，在日本社会老龄化和空心村加剧的时代，没有丢弃乡村的原始生态文化和民俗文化，而是立足于对当地生态资源和民俗资源的保护，对乡村进行改造。改造时，一方面，保留了当地生态文化的原始景观，使乡村呈现出一种不受工业社会浸染的、独立的世外桃源状态，呈现出一派原始的田园风光；另一方面，通过成立专门的乡村协会，对乡村景观建造进行了严格规定，拒绝在乡村中引入现在城市中的建设元素，一切均保持天然，构建了独具特色的生态文化景观，走出了一条可持续发展的乡村生态保护之路。合掌村的乡村开发经验对于我国乡村振兴中的乡村生态文化景观建设具有良好的借鉴意义。

第五章 乡村文化教育推进乡村文化振兴

第一节 乡村教育的文化阐释及价值选择

文化与教育是相伴而生、相互促进的。文化赋予教育以社会价值和存在意义，教育是文化的"生命机制"。在现代乡村教育中"城市世界"成为构造教育蓝图的基础与背景，而传统乡村文明被排斥于视野之外，这对于乡村社会的发展和文化传递是非常不利的。因此，必须保持乡村教育的乡土性，走城市教育与乡村教育"和而不同"的和谐发展道路。

一、当前中国乡村教育中的城市化取向对乡村文化价值的隐匿

教育需要本土文化的支撑和呵护，才能成为全方位滋养个人精神生命、发育人生情感的沃土。但是，由于城市文明取得了阐释现代文明的话语权，"城市世界"成为构造教育蓝图的基础与背景，致使传统乡村文明被排斥于现代教育的视野之外，其固有价值被屏蔽。

（一）城市化的教育理念抛弃乡村文化价值

中国教育理念的城市化取向可追溯至清末民初，当时提倡用西方文化的"新教育"对中国乡村社会进行改造。20世纪以来，政府取缔和改良乡间私塾，政府主导教育在乡村中得以强制推行，更突出了城市化的教育理念。"新教育"是对中国传统教育体制的彻底摧毁，晏阳初曾一针见血地指出，"所谓'新教育'，并不是新的产物，实在是从东西洋抄袭而来的东西"[①]。中华人民共和国成立后，乡村社会仍是被改造的对象，乡村教育与乡村社会相脱离的恶性循环依然存在。改革开放后，工业文明和现代进程进一步吸引着乡村人的目光向城市集中，"城市取向"成为乡村教育的主导取向与价值目标。

城市化的乡村教育引发丧失了对于乡村的情感和道德关联，缺乏关心乡土社会文明的基本情怀，更缺少反哺乡村的意识和行为。精英教育让学习努力的农村青少年有机会"跳出农门"走向现代城市社会和工业文明，给城市的现代化建设增添人才和人力资源。但它

---

①马长安. 新教材建设中的乡村文化 [J]. 语文建设, 2007 (Z1): 18-20.

又像一个巨大的漏斗，将大批乡村精英转移到城市，留给乡村的多是"老、弱、病、残、愚"；又像掠夺式"采矿"，经过毫无规划的滥采之后，乡村变成人力和文化资源更加贫瘠的土地。

（二）排斥乡土文化的课程设置导致乡村文化虚弱化

文化是构成教育课程的原材料，课程则在文化选择中承担着传递文化的功能。由于现代城市文化习惯性地被界定为"先进""科学""文明"，乡土文化被定位于"落后""迷信""愚昧"，乡土文化逐渐被排斥在以城市化为中心的教育课程安排和教材之外，从中很少找到传承几千年的山歌民谣、民间艺术、民间文学、民间戏曲、民间工艺等乡土民族文化，也无法获知乡村风土人情和道德资源。例如，在人教版七年级上册至九年级下册的语文教科书中，能基本反映乡土文化的篇目所占的比例非常小。而直接阐述乡土文化或以乡土文化为主题设计的探究活动几乎为空白。城市化为目标的课程设置不仅没有为传递乡土文化留出足够的空间和机会，而且通过强化城市文化的优越地位，造就了乡村青少年对本土知识、乡土文化的无知及不尊重。这些青年无法找到乡土文化的自豪感和亲切感，无法培养起对家乡故土的热爱情感，也不能担当建设美好家乡的责任感，当然更无法形成对乡土文化价值的认同。

（三）和而不同——城市教育与乡村教育和谐发展的文化意义

以往一直片面强调"以城市为中心"的"离农"教育，为乡村青少年提供了走向城市的可能性，但也导致乡村知识精英大量涌向城市，造成乡村人才和文化资源匮乏，从根本上极大延缓了乡村社会的发展。当然，只追求完全面向农业生产劳动的"为农"教育也是不太现实的，因为现实的农村生活对孩子们而言实在太缺乏凝聚力、吸引力。再者，让农村学生完全扎根乡村、服务乡村，虽然有利于乡村社会的发展，但这种做法也剥夺了乡村青少年参与城市化进程和享受现代城市文明生活的权利，这无疑不利于社会阶层的公平流动。因此，必须在坚持城乡统筹发展，缩小城乡教育差距的基础上，确立新的城乡教育一体化方针，突出城乡教育不同特色，全面促进城乡教育和谐发展。

在城市教育中应适当强调乡土文化的优良传统，强化其为乡村发展服务的功能，帮助城市青少年了解和理解乡土文化并对乡土文化价值表现出起码的尊重。城市教育应以培养学生多样多元文化观为宗旨，并保证每个学生都认识到，现代社会的发展是建立在多元文明的基础之上的，每一种文明都有其可取之处有它自身的智慧和发展潜能，应汲取其智慧并允许其自由发展；应正确认识本土文化的缺陷和不足，树立"求同存异"的文化观。乡村教育的发展应改变思路，更新观念，重新设计一种广阔的视角去关注乡土文化的特质与走向。乡村教育应该将地方性知识和乡土文化有序地渗入到课程体系和教材开发中，加强乡村学校与乡村社会的联系和沟通，预防和克服人们在全球化、工业化、城市化、现代化过程中对于本土知识的"集体性遗忘"。特别要使广大青少年成为了解外部世界知识的新一代，成为熟知乡村智慧的新一代，成为能够综合各种知识和智慧，创造性建设中国乡村社会美好未来的新一代。

二、乡土文化阐释：乡村教育树立乡土文化自信的价值选择

学校是农村最主要、最重要，有时候还是唯一的文化策源地。它对农村的整个智力生活、文化生活和精神生活有很大的影响。因此，现代乡村教育设计必须超越城市取向，建立一种既向现代化开放、又不失乡土地域特色的教育模式。一是保持乡村教育的乡土性，使其显现乡村文化内涵；二是传承和延续乡村文明过程中，不断增进农民和乡村青少年对传统乡村社会生存理念的理解，有效拓展其生存意蕴，为乡村社会独有的生态秩序、心态秩序与价值秩序提供文化自信的根基。

（一）乡村教育应引导农民正确认知自身价值

乡土文化的建设和繁荣需要一批有理想、有道德、有文化、有纪律、有创新精神和实践能力的新人。首先，尊重农村、农民的发展权利，培养其自我发展能力。乡村教育应力图改变农民和青少年落后的观念、保守僵化的思维方式以及消极的生活方式，既传授谋生技能以提高他们置身乡土的生存能力与自信，更关注其自我完善、自我发展，触发其对乡村社会价值的重新认识。其次，乡村教育应力促农民的精神和谐，即使其处于全面发展、个性发展、可持续发展基础上的自由而安宁的生活状态。是以他们对农民身份的认同以及对乡土生活的认知为前提，因此，乡村教育除了重视职业培训和课程教育之外，关键在于使农民及青少年认识到人生追求的价值和意义，达到精神境界的升华和全面发展。再次，乡村教育应培育新型农民。新型农民的培育基础是缩小农村的"传统性"与"现代性"差距，让农民真正融入到现代化的社会潮流和良性发展态势中。这就要求乡村教育必须以农民为本，促进农民群体的现代化，让农民通过有组织、有计划的针对性教育培训达到现代知识、现代文明和文化程度有极大的提高。

（二）乡村教育应引导农民正确地传承和发展乡土文化

乡村教育具有传承乡土文化的重要功能。"乡土性"的乡村教育体系既包含以技术知识为核心的科学文化教育，也包括以民间故事为内容的民俗文化教育，从而使外来文化的横向渗透与民俗地域文化的纵向传承相结合，使学校正规教育与自然野趣的习染相结合，

使学校专门训练与民间口耳相传相结合，使启蒙知识与孕育乡土情感相结合。乡村学校依靠自身组织力量和知识优势，借助来源于乡土社会生活的乡土教材，向乡村青少年传输知识、技能，培养乡村社会的情感共鸣、行为共识、价值认同和历史认同，传递乡村社会的价值观和行为期望，从而使一代又一代人不断继承、不断发展乡土文化。

乡村教育是乡土文化创新和发展的重要手段。乡土文化在不断走向现代化的过程中，经过艰难的筛选与扬弃，其文化价值得以新生和发展。而教育既是一种有意识的文化传承过程，又是包含着文化创新的过程。在传递乡土文化的过程中，乡村教育会自觉符合乡村社会发展的，对于传统乡土文化中的缺陷和弊端，则会选择自觉放弃。由于其培养了适应、创造新型文化的主体，从而会成为乡土文化发展和创新的直接或间接动因。

（三）乡村教育应引导农民正确地认知乡村社会

伴随中国经济社会的快速发展，乡村社会的矛盾日益突出并呈现出多样化的特点。例如，城乡收入差距日益明显，复杂的社会分层导致不同群体之间的利益关系日趋复杂。由于一些地方在征地拆迁、土地调整、环境保护等方面出现了一些与民争利现象，引发了一系列群体性事件。首先，应引导广大农民依法正确处理各种利益关系，合理合法地表达自己的利益诉求，理性解决矛盾冲突，增强民主法制意识，为整个乡村社会的稳定和发展提供安全保障。其次，通过教育提高农民追求现代文明富裕生活的能力。而完善的乡村教育须秉承"为了乡村、面向农村、改造农村"的宗旨，以传授现代科学文化知识，促进乡村社会现代化发展为使命。再者，构建教育公平公正的乡村社会。如果在整个社会系统中教育失去了自身的公平特质，社会公平的发展和完善就不可能实现。换句话说，实现城乡教育公平，有利于促进农村教育发展和农民素质的普遍提高，进而推动农村基层民主政治建设。

第二节　推进乡村文化振兴的教育理论

一、多元智力与元认知理论

（一）多元智力理论

传统的智力理论如智商理论，让·皮亚杰的认知发展理论都认为，智力是以语言能力和数理逻辑能力为核心，以整合方式存在的一种能力。而今更提倡的是霍德华·

加德纳提出的多元智力理论。其《智力的重构——21世纪的多元智力》提出智力的本质，即"在一定的社会文化背景下，个体用以解决自己面临的真正难题和生产及创造出社会所需要的有效产品的能力"①。他的理论不再以一种或是某几种能力为重点，而是提出八种智力提示人们应该不仅仅只关注一种。在当今的教育改革看来，加德纳的多元智力新理论有几个突破：第一，在教学教育中，对于学生而言，从本质上来说，智力不再以数理逻辑能力为主；第二，在教学教育中，对于学生而言，从本质上来说，智力更强调自主学习能力；第三，在教学教育中，对于学生而言，从本质上来说，智力更强调创新能力。在教学教育中，对于教师而言，从本质上来说，其需要进一步引导学生对内心体验感到好奇，与此同时，其还需要进一步引导学生从各种自知自省中获益。这为学生的学习活动提供了很好的指导，具体包括了以下内容：第一，在教育教学中，对于学生而言，从本质上来说，其活动之一为自我指导的独立学习；第二，在教育教学中，对于学生而言，从本质上来说，其活动之一为寻找机会想象；第三，在教育教学中，对于学生而言，从本质上来说，其活动之一为在安静中工作和反思。当今社会需要的是富有创造性和批判性的思考者，而那些强调答案非对即错的教育方法，显然不能使学生形成良好的素养与文化观念。在乡村文化振兴中，乡村文化教育体系的发展，需要进一步引导乡村学生强化文化思维，引导乡村学生借助于乡村文化教育课程的学习，逐步发现乡村文化的宝贵与内涵，进一步促进乡村文化的继承与发展，从而推进乡村文化振兴。

（二）元认知理论

元认知由美国心理学家约翰·费拉维尔提出，是认知主体对认知活动的自我意识和自我监控。它由三个部分组成：元认知知识、元认知体验、元认知监控。元认知知识是学习成功的前提，是促使学生从"学会"到"会学"的关键。元认知涵盖了几个方面，其中包括对自己喜欢的学习模式，对自己工作的坚持性，对设定目标、看待教育的态度，对冒险精神和注意力等问题的意识。学习实际上就是元认知监控的学习，是学习者根据自己的学习能力、学习任务的要求，积极主动地调整自己的学习策略和努力程度的过程。学习要求个体对为什么学习、能否学习、学习什么、如何学习等问题有自觉的意识和反应。在乡村文化振兴导向下的乡村文化教育体系中，我们要引导学生思考：为什么学？怎么学？学什么？等等，并积极主动去调节达到元认知监控最好的效果。

---

①［美］霍华德·加德纳．智力的重构——21世纪的多元智力［M］．霍力岩，房阳洋等译．北京：中国轻工业出版社，2004：22.

二、人本主义理论

人本主义学习理论兴起于 20 世纪五六十年代，是行为学派和精神分析以外的心理学第三势力。人本主义理论是在反对"知识为中心"的传统教学思想之上，根据"以人为本"的教育理念而提出的以"学生为中心"的教学思想。人本主义学习理论在教学上体现为以下几方面。

第一，有意义的自由学习观。人本主义代表人物罗杰斯主张教学目标是培养人格独立，具有创造能力，适应时代变化，最终能"培养全面发展的人"。人本主义这一教学目标体现了知识教育、认识能力和情感发展三者的结合，因此成为了人本主义教学观的核心思想。要成功实现课堂中的自由学习，关键在于教师首先要信任学生，信任学生的学习潜能。只要抱有这种信任的态度，并愿意让学生自由学习，就会在与学生的交往中逐渐形成适应自己风格、促进学习的最佳方法。学生在自由学习的过程中完善自己的人格，教师要帮助学生实现自身的价值和潜能。

第二，学生中心的教学观。也称"非指导教学模式"。非指导教学模式强调学习者在学习中的主体作用，教师只是"助产士"与"催化剂"，教师要与学生建立起融洽的关系，促进学生的成长。其教学过程，是以培养发展学生的情感为目标，学生在教师的引导下，进行积极的情感体验。

第三，知情统一的教学目标观。人本主义学者美国心理学家罗杰斯认为，精神世界有两个层面：情感和认知。这种教学观不仅重视学生对知识的学习，而且尤其强调学生的情感在学习中的作用。认为教育目标就是培养"全人"，从课程内容的选择、教学方法的运用到学习效果的评价，都应该以学生为中心，培养适应变化和知道如何学习的人。

三、建构主义理论

在乡村文化振兴导向下的乡村文化教育体系中，乡村学生借助于乡村文化教育课程，深入了解乡村文化知识，促进自身对乡村文化的理解，从而逐步发展出正确的乡村文化观念，促进自身对乡村文化的深入认识与理解，以此推动构建乡村文化振兴的有效形式的逐步发展与逐步落实。在实际中，由于乡村文化振兴导向下的乡村文化教育体系，所强调的，所凸显的是一种知识、能力的建构性，从而客观呼应了当今国际教育理论中位居主流、普遍认同的建构主义教育学说。这主要体现在，建构主义在广泛汲取前人知识理论的基础上认为，知识不是通过教师传授得到的，而是学习者本身借助于他人的引导，借助于自主学习过程主动建构的。学习过程，是一个学习共同体合作互动的认知体验过程。学习共同体，是学习者与同学、教师、专家等助学者共同构成的团体。这一团体，利用并相互构成必要的学习资源，且不断通过意义建构的方式，结成对象关系。这种关系，既强调学生的认知主体地位，又重视教师的主导作用，对这一关系的形象比喻，就是教师像是助产士，学生在教师及他人的帮助下，自己分娩知识。

一般而言，建构主义的知识观与学习理论强调三点，即学习的主动构建性、社会互动性和情境性。建构主义者在发展建构论的同时，不断试图从新的视角对学习和教学做出新的解释，从而不断带来新的综合和发展。在建构主义中，对如何看待知识这一问题，他们大多主张知识的动态性，认为在一定程度上，知识是一种解释或假设，知识解释或假设，既会随人类进步不断被推翻，也会随情境变迁而被再创造；理解取决于个体特定情境下的学习历程，且只能由学习者基于自身经验背景建构起来。对于如何理解学习活动，他们也普遍认为，学习是学生建构自己知识的过程。在对待学习者的态度上，他们认为：教学不是知识的传递，而是知识的处理和转换。由上显见，建构主义总体强调学习的非结构性、具体情境性、学习中的社会性，以及三者间的交互性关系和作用。综上所述，现代建构主义学习理论的基本观点可以归纳为四点，主要包括：

第一，学习是学习者的社会互动活动。正如乡村文化振兴导向下的乡村文化教育教学，既要通过互动、合作的方式掀起头脑风暴，又要鼓励突破成见、独立思考和个性创新，从而唤起学生的发散性思维，在多角度、有个性地认识讨论乡村文化的保护、做法等问题与假设中，形成各自的认知结构。

第二，学习是学习者的主动建构活动，是学习者在原有知识经验基础上建构内在心象、新知和新的意义的过程。如乡村文化振兴导向下的乡村文化教育教学，要求行思并进、心物互化，变无意义的机械接受为有意义的活动，使学习成为主动思考、自主创造的建构性过程，也是乡村文化振兴导向下的乡村文化教育的主要目标和要旨。

第三，学习是在具体社会情景和交往中实现的。学习由学习者来践行，而学习者和其学习内容本身，不可能孤立于社会现实生活之外。如乡村文化振兴导向下的乡村文化教育教学，要求在交往中实现自主学习，使学习在集体合作下进行的头脑风暴中进行更深层的乡村文化发散性思维，形成乡村文化保护观念，这是乡村文化振兴导向下的乡村文化教育的目标和意义。

第四，学习的结果是知识的形成或意义的表征。因此，在建构主义学习论中，知识是以网络结构存在的而不是层级结构。新知识与旧知识的建构从而使外界事物被人类重新书写。如乡村文化振兴导向下的乡村文化教育教学，要求学习者运用对原有知识主观能动性进行自主学习，皮格马利翁效应是会让学生产生积极的教学成果，但是获得知识的多或少大部分来源于学生的自身因素。因此积极构建使个体在原有知识的基础上进行微创新，从而达到学习最佳的效果，这是乡村文化振兴导向下的乡村文化教育教学的最终目的和根本。

第三节 乡村学校教育促进乡村文化发展

一、乡村学校教育促进乡村文化发展的责任担当

通过传承融合和创新而丰富起来的乡村文化既是乡村发展道路上不忘文化之根的精神内核，同时也是保障乡村建设者有爱乡反哺情怀，为乡村振兴源源不断地补充人才力量的动力源泉。因乡村文化的滋养而衍生的乡村吸引力，是一种内在自发的情感皈依，这种情感在每个人成年之后是难以形成的。在乡村振兴战略背景下，乡村学校作为乡村地区首要的教育场所，重要的文化组成部分，能否肩负起对于乡村文化传承和发展的使命，是很值得我们关注的。乡村文化的内核在新时代有了新的任务使命，乡村学校的教育也应以紧跟乡村振兴战略的指导，为促进乡村文化、构建学校良性发展而有所担当。

（一）乡村学校教育定位须顺应乡村社会转型发展

乡村学校教育的定位应当符合乡村发展需要。关于乡村学校教育的定位，学术界历来有"离农"和"为农"之争。主张"离农"是基于对农村城镇化进程和现代化形势不可逆转的现实认知。认为学习城市中先进的教育体系和课程导向，能给予乡村子弟更为广阔的思维视野，通过知识结构的改变获取更多的生存选择权。而"为农"则是基于乡村社会本体的传承角度而引发的思考。乡村教育的城市化导向会引起乡村文化的断层，现行教育的差距和原有教化的抽空，会将乡村子弟置于两种环境都难以适应的尴尬境地。若是主张教育"为农"则乡村文化的传承将得以延续发展，且乡村子弟在教育成长的过程中会获得更多实用技能和幸福感。

在乡村振兴战略中，对于乡村的类型有细致而深入地认识，对于乡村未来的面貌有明确而坚定的目标（即加快推进农村一二三产业融合发展的深度），这也就使得乡村的教育事业、其学校功能既不单是刻板模仿城市教学、苦读走出农村的简单性"离农"，也不能是抛开现有教学体系、只会农业求生的单一性"为农"。乡村振兴战略正视且重视乡村文化的传承发展，主张的课程导向是在现有教学体系下为乡村学校教育腾出了一块自留地，让乡村学校的教育与有地方特色相结合，吸纳原有生长空间所带来的文化力量，再内化成一种对故土敬爱而心之所系的眷恋情怀。乡村学校教育的定位需要符合新时代乡村发展的规划，是需要乡村子弟在以科学知识武装头脑的同时，接受当地乡村文化的熏陶，以期培养出既富有知识力量又具有乡村情怀的新时代青年。

（二）乡村学校应承继乡村文化，保留乡村生存智慧

新时代下乡村文化的建设，不是光靠口号引领便可一蹴而就，有了政策的导向和支持，需要乡村学校和基层组织去踏实推进。乡村学校作为乡村领域鲜明且重要的文化单元，是乡村群众心中知识与文化的象征，甚至是改变他们人生轨迹的唯一途径，其重要性不言而喻。在教育社会学中，社会传递论是社会学家用以探究学校教育的三种社会理论之一。传统功能论的社会传递观点是认为，上一代透过主要的社会化制度或文化传递机构（如家庭、学校），把立足社会所需要的规则、习俗、适当的行为传递给下一代。功能论者视教育体系为一种社会结构，其功能在于态度、价值、技能与规范等之世代传递。乡村学校是将乡村文化内涵丰富起来，不断创新，使其得以系统化以及大力弘扬的有机载体，学校中所集聚的、哺育的对象是未来社会发展中的主要力量。在整个战略背景的推动下，乡村的变化发展影响地不仅仅是一代人，如何传承优秀传统文化、践行现代文明公约、重塑新时代下的乡村文化，这需要乡村中的重要文化单元——学校来担负起教育"以文化育人"和代际传递的功能。扎根在乡村中的乡村学校要传承乡村文化，在学校氛围的营造、科学知识的传授、道德意识的树立等方面都或多或少的保留些乡村生存的智慧，由此教育学生，才能让他们更好地将在学校习得的知识经验融入渗透到日常生活中去，甚至是以他们行为方式的慢慢转变而带动新时代乡村文化的形成，让乡村学校成为促进乡村文化繁荣发展的助力器。

（三）乡村学校助力乡村文明治理，提升文化约束力

千百年来，中国的乡村社会得以稳定发展在很大程度上是受到了某些人情俗理、认知逻辑的规范约束。这是一种自下而起的群众力量，再由村里的乡绅士族以学识开化，主持公道，慢慢形成一种为大家所认可的、能维系乡村社会稳定的公序良俗。费孝通先生在《乡土中国》中指出中国乡村社会是礼俗社会，其特性是因共同生长，以长时间、近距离相处的熟络感作为维系秩序的力量。乡民们将这种建立在"熟悉"之上而产生的道德文化内化到自我人格的一部分，可以说是一种隐性而力量强大的乡村社会公约。然而在历史变迁的过程中，受社会结构转型的影响以及城市经济高速发展的冲击，农村人口的严重流失打破了其原有的熟络环境，农村居住人口的空心化、人口年龄的老龄化、文化精神的虚无化加剧着乡村社会的陌生感和衰落趋势，使得乡村文化的传承和约束力都受到了一定程度的阻隔。乡村振兴战略的总体方略意识到只有补齐文化精神，才能让乡村振兴拥有发展的内核。而乡村学校教育所具有的科学性、针对性、广泛性、延续性等特点，将会在实现乡村文化治理、整合提升乡村文明的过程中起到重要作用。通过学校教育的把握取乡村传统

文化之精华，融合新时代思想道德要求，以规范化系统性地教学传播给乡村子弟，才能促进新时代乡村文化的形成，以符合时代诉求、为乡民所接纳的文化约束力来达到不断提高乡村社会文明程度的任务。

（四）学校教育应以学促文，实现乡民自我认知重塑

因土地的不流动性，乡村人民的生活感知被认定为是一种不先进、不科学的生存方式。在过去的发展中，乡村农业更多承担的是一种不断输出的奉献者身份，人们也常常因其基础性而误把其放在了低端底层位置。然而从物质生产的角度看，农业对于任何一个国家而言都是关系国家安全的命脉。乡村振兴战略即要通过一系列的改促发展，让乡民的视野重心回归到乡村领域。在信息化的科技时代，农业的发展已不再是面朝黄土背朝天的人力劳作，三产融合的发展目标对于生活在乡村地区的人民群众有了更高的素质需求。在新时代乡村振兴战略的发展背景下，"农民"所指代的不应是一种身份定位，而应是涵盖农事劳动的职业称呼。而要实现这一点，则需要以优良的乡风文化加持乡民的道德规范，以富有乡村情怀的教育塑造乡村子弟的知识思维，才能实现乡村人民对于自我认知的重塑，对于乡村生活的热爱，以达到乡村地区整体的良好精神风貌。

二、乡村学校教育为乡村文化发展服务的现状分析

受城乡一体化建设、农村中小学布局调整政策的导向，大量的乡村学校的撤并对乡村文化的发展有着恶劣的影响。有时过分地注重教学资源的整合、教育效率的提升，反而忘却了乡村学校对于当地乡村的社会教育意义，忽视了对于乡村文明的延续。如今提出的乡村振兴战略作为助力民族事业腾飞的有力支撑点，充分认识到乡村文明的特殊性和重要性，遮蔽这种文化力量是不利于乡村发展的。而乡村文化是乡村内部振兴的重要力量，乡村学校作为乡村社会中的文化子单元，只有尊重乡村文明，有意识地接纳和发挥乡村文化的教化作用，让乡村学校的主功能不再设定为乡村子弟逃离乡村的跳板，才能为新时代的乡村文化发展贡献力量。为了解在这一发展过程中，乡村学校时下有何作为，本书选取了广西河池地区两个较有代表性的村落的学校——下南中学和六圩中学进行研究。

（一）乡村学校尊重乡村特性，重视文化教育感召力

乡村文化体现在乡村社会的方方面面，乡村学校扎根在乡村地区就需要意识到在这一生产、生活双重合的历史空间中所带给人们的影响。我国的教育事业发展到如今，已经有了规范化的教育学制，但是要使人类在教育下得到身心的圆满发展，则需要教育因地制宜地办学。刘铁芳教授曾在《重新确立乡村教育的根本目标》一文中深刻追问过到底什么才

是真正意义上的乡村教育，立足点和最终的观照点究竟为何。他认为谈论乡村教育重点是落在"乡村"还是"教育"是两种全然不同的视角。若是以"乡村"为中心看乡村教育，那话语的另一侧面必定是与城市教育的对比，重点会落在学校硬件设施、学校公用经费、学习保障、升学率等方面。而若是以"教育"为中心看乡村教育，则更重要的是关注教育的乡村场域和教育主体乡村孩子之间的问题脉络。① 这样一种观点让我们得以警觉和反思，我们在关注乡村教育的时候，关注点不应只是对于乡村条件落后、封闭的否定和以城市学校为模板的改造，还应该关注的是在这样的环境条件下，乡村少年作为乡村社会发展的主体如何在乡村学校的教育中达成城市话语体系的知识经验与乡村生活经验的契合。而本书所研究的两所乡村中学正是在朝着这个方向努力，他们尊重乡村文化的特性，重视乡村文化的教育感召力和影响力，以乡村文化为教育的原始精神场域，并且不断地吸纳糅合优秀乡村文化，在探索实践的过程中给予了我们很多经验启示。

1. 自觉传承民族文化，通过特色办学理念促进乡村文化

《乡村振兴战略规划（2018—2022 年）》中将自然历史文化特色资源丰富的村庄定类为特色保护类村庄。这类村庄可挖掘和利用的文化资源显著且丰厚，在促进新时代乡村文化发展的进程中，此类乡村隐含的文化氛围的积淀会更为浓厚，再通过有意识的文化治理，其文化引领作用也相对会更强烈。处在此类或具有深厚历史文化底蕴，或少数民族风情突显，或拥有特色自然景观等特点的乡村地域的学校在承继乡村文化、促进乡村文化发展的方面会有更丰富的资源以及更明确的方向。而下南中学正是处在这样一类富有浓厚少数民族特色文化的乡村社会之中的一所乡村学校。

下南中学是处在全国较小的少数民族之一的毛南族聚居地下南乡唯一的一所初级中学，是寄宿制学校。毛南民族是居住在岭南大山石中的一个土著民族，其民族文化内容繁多，个性鲜明，是中华民族优秀文化的一支。下南中学的教学场域聚集着大山深处的地域特性和少数民族的文化特性，学校能充分认识到所处自然人文环境所带来的发展境遇以及校园文化提升对于当地乡村文化、民族文化发展的促进作用，依托特色民族文化，努力将学校创建为自治区级民族教育示范性学校。学校坚持走特色校园文化之路，致力于传承毛南文化，彰显民族风采，让走进校园的民族文化在校园中生根发芽。

下南中学的办学理念是"勤、善、博、雅"四个字，意指培养人的四种品质，勤学勤思勤健体，善心善行报善恩，博怀博志勇拼搏，雅言雅行有雅好（高雅爱好）。"勤"与"善"是与当地毛南民族的品性相结合的，同时也是与中国传统文化相融合的。因为生活在大山深处，勤劳是毛南人活下去的途径，而多年来没有纷争，也不曾与人争斗，毛南民

---

① 刘铁芳. 重新确立乡村教育的根本目标 [J] . 探索与争鸣，2008（5）: 56-60.

族的肥套活动、仪式也大都是教育子民学会感恩，尊重劳动，追求自由，充实生活，可见毛南人是友善的。而"博"和"雅"的教育定位是有助于个人的成长发展的，与社会主义核心价值观、党的办学教育方针都是一致的。培养具备这样品质的学生，社会才会有好的发展，而具备这样优秀的品质，学生也才会适应整个社会的发展，并且有益于社会的发展。从当地民族的品性和国家的思想当中凝练学校的办学理念，以此培养孩子的四种品质，这不光引领学生的发展，学校围绕这四个字去开展各项工作同样也是引领着学校的发展。学校校训定为"团结、守纪、勤奋、创新"，将把团结放在首位，是认识到少数民族地区最需要的是团结安定。而再次提及勤奋，是对毛南族这个民族的品性的突显强调。

下南中学的办学理念以及校风校训是基于当地民族文化精神和新时代中国社会主流价值观的提炼，是为培养学生的自信心与自豪感的育人指导，毛南族虽是一个少数民族，但能意识到本民族的优秀性，同时又教化学生以开阔的视野和包容的心态去面向未来的社会。

2. 形成学校文化，培育阳光乡村少年，提升乡村精神面貌

乡村振兴战略根据地理位置的因素将处在城市近郊区以及县城城关镇所在地的村庄定类为城郊融合类村庄。这类村庄在形态上还大部分保留乡村风貌，但因靠近城市的地理位置优势和村庄自身发展的需要，乡村加快城乡产业融合、基础设施互联互通等发展进程较快，其具有成为城市后花园的优势，同时也在逐步完善向城市转型的条件。在促进新时代乡村文化发展的进程中，我们需要关注到其环境依旧是乡村面貌的生态文化，同时也要注意到这类乡村在发展中受到的城市化、工业化影响。而六圩社区正是这样一类位于城市近郊区的乡村社会，其文化的发展可能更多是倚靠外部力量的引领，通过有意识的文化治理促进当地的文化氛围的形成。六圩中学正是这样一所处在城郊地带的乡村中学，它的发展之路也是为城乡融合发展、乡村文化促进、教育均衡发展等提供了实践经验。

位于城郊地段的六圩中学其教学场域具有着城乡文明实时碰撞的文化特性，是乡村生存图景与城市文明扩张的融合试炼。与其他特色文化乡村不同，这类村庄的乡村文化可能就是来源于农耕细作的生活经验，是对土地和自然的生存感情。这类村落的乡村文化并无特别明朗外显的文化体系，话语权薄弱，容易受到城市文明的冲击，但又需要依靠城市力量带动发展，由此很容易陷入对本土乡村文化逐渐弱化和对外来城市文明难以习得的尴尬境地。六圩中学能充分认识到处在这样一个融合地带，学校应当切实结合学校农村孩子的性格特质，把握毗邻城区的发展优势，以有针对性的学校文化助力乡村孩子的成长发展，让乡村孩子能在成长的过程中认识接纳乡村的美好特性，同时又能有足够的综合素质融入

城市环境。以新一代乡村人自我悦纳、积极进取的心态，为乡村文化在新时代的良性发展注入力量。

六圩中学的办学目标是：让农村家庭的孩子享受可与城市学校相媲美的优质特色教育！办一所师生有归属感的学校、办为孩子留下美好记忆的学校、办延续乡村文明的高品质的寄宿制学校。通过解读这一办学目标，我们可以看到六圩中学能意识到地域的乡村特性是其自身所拥有的生存基底，而城市文明则是推动发展的外在动力。为了能让乡村的孩子在现行的教育体系上走得更远，学校根据农村孩子自身带上来的一些特点、问题来制定特色的阳光校园文化。以阳光化的管理、温暖师生的阳光情怀、开设阳光课程、打造体验式阳光课堂，有针对性地引导乡村少年实现乡村生活背景与现代化外来知识体系的健康融合，培育阳光乡村少年。

这两所乡村中学的学校文化都是结合当地实际情况而考量的，所展现出来的是对于乡村文明的尊重与接纳，让乡村文化不再被排斥在学校之外。下南中学是处在有民族特色文化的乡村地域，其校园文化的建设有强大的背景和天然纯原的环境，学校文化以毛南民族文化为主基调，比较容易丰富起来。学校文化发展的目标更为清晰，文化传承的自觉性也就比较强，让学生弄懂自己的民族文化以达到爱乡的情感思想，同时会因文化的独特而产生自信力来面对外面更广阔的世界。六圩中学是处在城郊融合的乡村地域，当地并无明显的乡村特色文化，学校文化便是根据乡村孩子的性格特性来定。搞清楚乡村孩子成长环境所带给他们性格的缺陷与优势，以有意识的文化引领训练来为孩子的成长注入力量。通过更多的实践活动在学校的集体氛围去形成一个乡村的"熟人社会"，让这些乡村孩子在其中受到文化和同伴榜样力量的约束教化。

我们不否定现行教育教学体制的主导性意义，时代的潮流是难以转变的，但是我们也可以看到国家对于教育的改革赋予了乡村学校很多发挥的空间。可见只有首先了解乡村文化、立足于乡村文化，把握当地乡村文化的特殊魅力才能不在发展的潮流中被城市文化殖民，让乡村文化重新焕发出文化教育的感召力。

（二）学校教育关注乡村发展主体精神世界的构建

正如刘铁芳教授所言："乡村教育之所以作为乡村教育，并不仅仅因为其是作为教育的物理空间，更重要的是乡村作为乡村少年发展的精神场域。"[①] 下南中学位于大石山区，地理位置上是个"边缘学校"，这种因为地理位置偏远、交通不便、经济发展落后所产生的劣势影响不是学校凭借一己之力所能改变的。而六圩中学地理位置毗邻城区，可经济实

①刘铁芳. 重新确立乡村教育的根本目标 [J]. 探索与争鸣，2008（5）：56-60.

力不如城区，不论是学校还是当地的孩子受到城乡差距的冲击都是非常大的。在发展的过程中，面对已然显现的乡村文化与乡村子弟出现传递裂痕的问题，乡村学校开始关注乡村未来发展的主要活动者——乡村少年的精神世界的构建，重视吸纳乡村优秀文化。

1. 以特色文化补足学生美感教育，增强个人文化积淀

自工业社会以来，教育愈发系统化、规范化、规模化，这也影响着教育的走势更加的注重智力教育加以德育辅之。然而在人精神世界的发展中，对美的欣赏对美的感悟也是人精神健全发展的重要部分。朱光潜先生在谈论美感教育时说到世间事物存在有真、善、美三种不同的价值，而相对应的人类心理则有知、意、情三种不同的活动。他认为"教育的功用就在顺应人类求知、想好、爱美的天性，使一个人在这三方面得到最大限度的调和的发展，以达到完美的生活"①。美育其实与智育、德育同样重要，并且三者之间是相辅相成的发展关系。乡村学校在乡村文化的浸润中认识到美感教育的重要性，将乡村、民族的特色文化纳入到学校教育的常规教学当中，补足美感教育以助力乡村少年的精神发展，让他们能寻出生存的乡村环境中的丰富趣味，建立自信自得的精神底气。

基于当地民族文化深厚的有利条件，下南中学十分重视对于学生的"美育"，将毛南民族文化系统化、常规化的纳入到学校艺术课程中来学习，让毛南民族文化真正地走进学校课堂。例如把毛南民歌融入学校音乐课堂，坚持在初一年级开展毛南民族歌曲授课活动，要求在校生每人至少要会唱 3 首毛南歌。传唱度较高的毛南民歌《迎客歌》《送客歌》《敬酒歌》《毛南美酒香幽幽》等已成为下南中学初一年级学生的音乐课主要学习内容之一。还有把毛南傩面绘画融入学校美术课堂，坚持初一年级每隔一周上一堂民族傩面绘画或民族手工课。下南中学还为这些课程置办有书法绘画室、音乐舞蹈室、傩文化手工室、花竹帽工作室、泥艺室等特色教室，以借助这样的课程让更多的学生认识了解毛南文化，并将感受到的这些文化转化成可以自我输出的艺术表达。毛南民间的体育活动同样也是十分丰富的。学校将"同顶""同填""同拼""骑同马""骑马格"等毛南民族体育运动项目融入学校体育课程中，坚持在初一年级隔周上一节民族体育课程。在保证体质锻炼的前提下，融入民族体育项目，这样的做法既增强了学校体育课堂的趣味性，同时也是以身体力行的方式留存民族的民间文化与智慧。

下南中学不只是简单地、平面化地了解、传承毛南文化，相反是发掘当地乡村特色文化，摘取文化精华将其融入到日常艺术课程教学中，积极实现民族文化与现代教育的有机融合，切实将特色文化课程落实到日常教学中去，致力于在一届届师生的教与学当中，以时代创新的脚步焕发民族文化、乡村文化的活力与生机。以乡村文化作为美感教育的素

①刘翠. 当代中国乡村文化建设的若干问题研究［D］. 山东师范大学，2008.

材，既不会限制学校的教育和孩子的眼光，同时还能让他们在未来的道路上因为乡村文化、民族文化所赋予的独特魅力而走得更远。

2. 以校园活动增添学生成长趣味，引导心理健康发展

在乡村地区寄宿制学校是更全面的"教"与"育"的结合，乡村教师普遍感觉身上的担子重，更多的是因为教师于他们而言不仅是一份传授知识的职业，更多的还需要担负起类似于父母对孩子的一种关怀和哺育，要关注他们的成长动向，尽可能的去弥补乡村空心化、隔辈带孩子所带来的一种情感缺失。我们走访的两所乡村中学都看到了丰富且具有特色的校园活动在助力孩子健康快乐成长中的重要性。有了特色的艺术类课程教学，同样的还需要借助校园文体活动的平台为学生们搭建一个文化体验的空间，帮助他们在丰富的校园生活中寻到成长的趣味。

民族特色文化底蕴深厚的下南中学会举办大型的校园文体活动节为学生们提供文化再造的展示平台。学校从 2011 年至今坚持每年举行一次校园民族文化艺术节活动，有唱毛南歌、跳毛南舞、说毛南话、画毛南傩面、玩毛南民族棋艺、看毛南古墓石雕图片展等活动，极大地丰富了学生第二课堂活动，让学生们通过参与活动将学到的毛南文化付诸实践。这些极具趣味性的比赛充分地调动了孩子们参与的积极性，不仅能让学生加深对当地民族文化的理解，而且通过多种语言的表达能维系乡村地区、民族地区在话语体系上的传承。

而六圩中学则是在完成教育部门所规定的一些素质教育活动之外，还根据本校的阳光文化积极自发地开展丰富的校园活动。这些活动的开展与学校培育坚毅阳光的谦谦学子的教育目标一脉相承，在富有趣味性的同时，让孩子们在集体活动中感受到成长的温暖。例如每逢节日有学生的体验活动，端午节的包粽子活动、元宵节的包汤圆活动等等，学校会以节日为载体，通过让学生参与制作节日食物，共同分享劳动成果等方式，从最质朴的劳动实践中去感受中国传统节日文化，将这种文化的情感幻化成平易的生活方式去传承。

无论是下南中学还是六圩中学都不是当地最好最拔尖的学校，然而这两所学校都以深厚的乡村感情在办学，他们踏实地扎根在乡村土地，以乡村优秀文化作为引领学校发展的养分，用心用情地关注乡村孩子在城乡差距的碰撞中如何能更好地成长。这两所学校吸纳优秀传统文化转化为教育和文体活动的内容，这一系列的努力都是为了不让乡村的孩子在欣欣生长的阶段就因社会上惯有的"农村＝落后"的刻板印象而丧失掉自信力和生命动力。

乡村教育的真正意义是"如何积极有效地促进乡村少年的精神成人，促进他们置身乡村社会之中，活泼、健康、全面、自由地发展、启迪、发育他们的健全人格，为他们的一

生奠定良好的身心基础。乡村少年的健康发展就是乡村教育的根本目标，如何有效地促进每个乡村少年的全面健康发展才是乡村教育的核心与根本问题"①。乡村学校往理想了说，这不单是个地域性的命名，还是基于这自然劳动环境下乡土韵味的文化融合。乡村学校以乡村社会的质朴文化为引导教化的突破口，关注乡村孩子在这一成长阶段的精神世界的构建，通过"人无我有、人有我优、人优我特"作为情感的疏导口，才能让他们在与乡村生活确有脱节的课程学制中，悦纳自我，对原有生存环境的滋养怀有感念之情。乡村学校教育结合乡村文化的力量，受益的将是一批批在这读书的乡村子弟。从学校出来，不管未来境遇如何，青少年时期受学校文化的影响，感受到自己生长的乡村的育养，他就不会在"融不进城市，回不去家乡"的尴尬境地中游离，才会有更大的可能将反哺乡村作为实现自身价值的途径。

（三）乡村学校成为促进乡村文化发展的探究中心

在人类发展的过程中，受认识的限制，我们因农耕细作的生活方式所产生的乡村文化并非全然值得推崇，而后又受到社会结构的变革转型和经济大潮的影响，乡村的文化已然被冲散得七零八落。如今乡村要全面振兴，文化的内核不能丢，我们对乡村进行文化治理，呼吁保护传承乡村文明既是对历史文化脉络的承接，同时也是在维护人们躲避城市喧嚣的精神自留地。如何让乡村依然保有文化的内核，使其不断延续，除了依靠政府部门的文化治理，乡村学校则是另一个让乡村文明得以焕发生机和系统传承的重要基地。乡村学校是现行教育体系的科学育人场所，是乡村文明的重要文化单元，这双重身份的结合让乡村学校在乡村振兴的新时代背景下更应该成为促进乡村文化发展的探究中心。

1. 提升校园建设，增强乡村孩子的同理心与归属感

乡村衰落是一种对比性的结论，正如古语所云"不患寡而患不均"一般，"城市化和工业化是乡村衰落的诱因"②。可见经济的欠发达让农村地区自身的吸引力大大降低，导致农村人口的大量流失，乡村社会呈现空心化、老龄化的状态。生活在乡村区域的乡村民众受城乡差距的对比冲击十分强烈，如何让生长在这个空间环境下的孩子在人格发展的过程中学会悦纳自我以及本有的生存环境？两所学校都积极地争取各方面的支持，提升校园建设以良好温馨而具有特色的学校环境增强乡村孩子的情感归附。

下南中学以毛南族文化特色为校园文化主题，校舍建筑以青灰色为主色调，灵活运用当地的文化材质"片石""石磨盘"作为校道、墙面的基础装饰；教学楼、综合楼等楼体

---

①周珊，赵霞．乡村文化的秩序危机与价值重建——改革开放后乡村文化研究综述［J］．石家庄铁道大学学报（社会科学版），2010（4）：75-80．
②殷雪峰．当前乡村文化建设问题研究［D］．中央民族大学，2011．

则辅之以各种民间棋艺棋盘、民族特有吉祥图案作为特色点缀，让人从观感上即可感受到学校的总体氛围浸润在当地的特色民族风貌之中。

校园里着力打造的文化长廊和毛南傩文化展厅是学校介绍毛南民族文化的主要阵地。校园文化长廊的凭栏汇集雕刻的是毛南民间的吉祥图案，展板喷绘的主要内容是介绍毛南文化和学校民族文化传承情况。毛南傩文化展厅则收藏着以实木雕刻或剪纸贴画等形式呈现的傩面具、毛南族傩舞的视频资料、毛南族民间神话、山歌的图书资料以及花竹帽、祥鼓等艺术品。

2. 凝聚乡村社会文化元素，推进乡村文明良性发展

党的十九大报告中提到"文化自信是一个国家、一个民族发展中更基本、更深沉、更持久的力量"[1]。可见尊重乡村优秀文化、保护民族特色文化是我们国家实现乡村振兴的内在动力，也是实现中华民族伟大复兴的有力支柱。学校是知识代际传递的有效场所，乡村学校文化是整个乡村文化的重要组成部分，乡村学校有意识地凝聚乡村文化元素，通过教育的梳理、整合、传播让乡村学校在乡村文明发展的过程中逐渐成为乡村文化探索的中心，这具有十分重要的现实意义。

下南中学在政府各级部门和社会各界人士的支持下，历届领导、老师不懈努力，从校舍建造、办学思想、课程创新和文体活动四方面全力融合毛南民族特色文化，让学校对于毛南民族文化形成了较为全面而基础的梳理，这也让下南中学成为下南乡毛南民族文化传承推广的试验点、"样板房"。起初基于学校管理教育的专业基础，领导班子想探索的是当地古代对于教育的意识行为，后来在逐步的探索中发现很多民族性的、民间乡村生活的文化与我们的教育是相通融的，这才有意识地融入到校园中来。学校选摘民族吉祥图案、民间棋艺为校园建筑装饰，呈现良好建筑风貌后，当地的仿古一条街也开始采用同样的建筑风格，下南中学的校舍建筑是当地乡县民族建筑的样板房。而学校策划多样性文体活动比赛，让民族文化在实时活动中传承创新，之后乡一级县一级也陆续开展类似的文化活动，可见下南中学是活跃民族文化的试点，对于民族文化的推开，全县的文化影响都起了很大的作用。

无论是建筑风格的选定，还是民族文化的宣传、文艺活动的开展，下南中学都先进行了探索和挖掘，并在实际操作中试验出了切实可行的文化推广方式。这既方便学校的对外交流，同时也能让学生们从日常细微之处时常感受到民族的文化智慧。

在学校全体师生的努力下，下南中学可以说是下南乡毛南民族文化的浓缩型博物馆。

①习近平. 决胜全面建成小康社会 夺取新时代中国特色社会主义伟大胜利——在中国共产党第十九次全国代表大会上的报告 [J]. 奋斗，2017（20）：1-22.

学校汇聚的毛南民族文化比起学生个人的家庭教育是更为系统且全面的，而比起当地的民俗博物馆，学校在传承、创新、融合方面则具有更大的活力。下南中学是真正从思想情感上、知识构建上成为下南乡民众心中的文化汲取地，以自己的力量传承古老的民族生存智慧，创新弘扬坚韧的时代品格，将学校塑造为乡村文化探索的中心，引领全县的发展。

而六圩中学则是城乡文明共生发展的试验田。当地没有特色文化作为学校文化发展的核心支撑点，学校面对这种情况则更注重关注学校的受教主体。因为作为城郊融合类村庄，在后续发展中会逐步完善其向城市转型的条件，所以对于当下乡村文化的内涵要意识到纯粹的"乡约"会向法制"公约"转变的发展态势。学校以坚毅阳光、谦逊有礼为育人目标，不断地锤炼学生，让他们能有更从容的心态面对和适应城乡两地之间的生存方式。六圩中学对于乡村文化的构建促进，是通过以好的积极面作用在学生身上，再由学生带回到乡村生活中的，是以学校的意识教育、行为教育所拉动起到一种辐射作用，着实是为当地新时代乡村文化的发展形成，城乡文化的和谐融合提供了探索的实践经验。

现代人受经济利益的驱使，可能只看到了学校教授知识的最基本功能，但是我们的乡村学校，根植在乡村社会中，依靠外在对乡村文化的吸纳，内在生命活力的生发，其校园文化的作用不光是基础性作用，它所渲染的崇实强技的文化氛围，对于文化历史的系统化梳理，是给予学生的生命厚度，同时也是维护乡村公序良俗的无形之手。乡村学校不应该因为它现在遵循的教育体制模式而成为乡村社会中的单独机构，反而更应该是乡村文化与一代代乡村人之间连接的桥梁，是为乡村文化发展积极探索的中心，凝聚乡村文化元素推进乡村文明发展。不难发现，当前乡村学校的教育教学理念已然开始重视和尊重乡村特性，积极吸纳乡村文化中优秀的精神品质，保存乡村生活的历史记忆。乡村学校主动关注乡村少年的成长发展和精神世界的构建，正视乡村文化作为乡村教育中的精神场域的教化作用，使得乡村子弟在接受现代化教学的同时找到自我发展与乡村生活的契合状态。乡村学校在乡村振兴战略的大背景下，充分利用好发展的契机，积极主动地争取各方面的支持，努力提升校园建设，增强乡村孩子的情感归附，有意识地凝聚乡村文化元素，逐步成为促进乡村文化发展的探究中心。

三、乡村学校教育促进乡村文化发展尚存在的局限

乡村文化是帮助乡村学校构建学校文化的精神产物，乡村学校是延续乡村文化为其注入活力的有效载体，两者相辅相成。如今在国家乡村振兴战略的导向下，人们对于乡村文明的关注度和认可度大大提高，对于其存在的合理性、必要性更是有了深入的认识，乡村文化的繁荣发展就此会得到更多的支持。我们的乡村学校也学会从扎根的乡村土壤里汲取文化的力量，朝着让乡村学校成为传承延续乡村文化的重要单元，成为教育乡村子弟，培

育反哺之情的育人场所，成为乡村世界文化发展的探索中心的方面去努力。然而在这一发展的过程中，由于各种历史因素的干扰，乡村学校对于乡村文化的促进发展还有一定的局限性。

（一）乡村学校教育内容与乡村文化处在初端融合阶段

乡村学校对于乡村社会而言，其本身的存在就是一种文化的体现，是乡村文化的子单元。如上述所谈论的乡村教育的落脚点应该是"教育"，是关注怎样的教育能称其为乡村的教育。现在部分的乡村学校学会从乡村文化中汲取精神滋养的力量，但仅与乡村文化是初级、简单的融合，是丰富乡村孩子校园生活补充品，这主要体现在两个方面。

1. 乡村文化是从属于乡村学校的素质教育

就目前的教育大形势而言，品论一所学校的好坏，教学质量、升学率的高低是民众最关心也是最能其决定性作用的因素，而校园文化、校园活动的丰富程度只是锦上添花的存在，城市学校是如此，乡村学校更是如此。我们希望乡村文化滋养乡村学校，乡村学校弘扬乡村文化，但与此同时我们也需要看到在学校教育的自留地中能给予乡村文化发挥的空间是比较小的。学校的教育课程体系主流还是注重孩子智力的开发，以知识教学为主，因为知识的储备量是人才筛选的最简单最直接的方式。乡村文化进入校园只是作为丰富素质教育的一种体现，是一种尚未被纳入主流教学体系的情感培养，并且大部分情况下需要为智力教育让步。

晏阳初先生一生致力于乡村建设运动与乡村平民教育的问题研究。他认为针对中国农民"愚、贫、弱、私"这四大问题，农村建设就应该注重以"文艺教育、生计教育、卫生教育、公民教育"这四大教育来克服问题、治理问题。[①] 这四大教育相互关联，相互补充，共同支撑乡村建设运动的开展。在他的乡村建设思想中，以知识力培育为主的文艺教育以及针对团结力培养的公民教育是乡村学校应该承担也能够承担的责任。但如今再看我们的乡村学校对这些能推动乡村文化发展的教育功用还处在初步探索的阶段，乡村文化仅作为学校素质教育的侧影进入教育体系，与学校教育的关联不甚紧密。而这一问题的症结所在关系到乡村原有话语体系与城市文化文字下移的碰撞，关系到现阶段社会人才选拔模式的统一性、公平性问题等等，牵涉问题的面积广泛且程度复杂，想要整体的改进与完善还需要较长时间的实践检验。

2. 乡村学校对乡村文化的接纳度受到限制

通过对文献的分析研究，可以发现目前学术界普遍认同造成乡村文化存在传承困境的

---

① 宋恩荣. 晏阳初全集（第一卷）[M]. 长沙：湖南教育出版社, 1989：88.

因素之一就是应试教育的教学模式将乡村学校教育剥离于乡村社会。乡村学校的教育内容不应该架空于整个乡村社会。刘铁芳教授在阐述乡村教育之时，就强调乡村之所以是乡村的"教育"，就是要深入关注乡村文化与学校教育的关联，帮助乡村少年内化、融合在学校习得的知识体系与自身生长的乡村生活背景，才得以构建良好的精神世界。[①] 我们许多的乡村教育工作者能认识到这一点，也在为两者间构筑交流路径而不懈努力，积极探索。但是就目前一些尝试路径和小有成效的案例结果来看，学校纳入的乡村文化更多只是一种人文性的知识，还未扩展到源于乡村生活实践的实用性知识。乡村文化本身的价值一部分以精神风貌的诉求，进入到了乡村学校的校园文化当中，但是另一部分实用型的、技术类的工艺常识，则没能展现在现有的课程知识体系中。我们可以看到乡村学校在努力的拓展教育的乡村视野，但是在教学内容上与乡村本土的生活经验还缺少融合或者是生硬融合。而存在这一问题的主要原因即是现有教学体制与学科教材的统一性让乡村学校教育能自主发挥的空间较小，当然也还因为初中教育属于义务教育阶段，在漫长的人才培养过程中其要做的还是首先帮助学生习得基础性的科学文化知识。

（二）乡村学校教育对乡村文化承继发展后续动力不足

乡村学校要想承继乡村文明，促进乡村文化的发展，需要学校本身在教育教学、学校文化上接纳吸收乡村文化，同时也需要学校的领导班子、教育工作者对本土的乡村民情有一定的认识和愿意去了解探索的热情。而兼具了这两点才能在以乡村学校文化子单元的力量推动乡村文化发展的进程中有科学的设想预判，有源源不断勇于探索的信念。我们这里谈到乡村学校教育对于乡村文化的承继发展后续动力不足，主要是针对乡村学校的教师资源所呈现出一种"易失难补"的局面和学校教育对乡村文化传播简单化的现象而言的。

1. 教育中主导乡村文化传播的教师资源稀缺

困扰整个乡村教育发展的很大一点是师资数量和师资质量的问题。乡村教师是乡村学校教育的主导者，同样也是乡村社会中最便于直接传播弘扬乡村文化的社会角色。我们对于乡村教育、乡村文化意义归附的期望，很大程度上是寄托在乡村教师的身上。

本身由于乡村经济条件落后，主动全身心扎根在乡村学校的老师较少，很多乡村教师只是把在乡村学校的教学工作当作是自己人生进阶的一个过程，只要有机会调动还是很愿意走出乡村。另外乡村骨干教师很容易被当做一种好的资源，被抽调到其他学校或是其他岗位。学校骨干教师被抽走后，乡村学校对于这一块的师资空白需要再花费时间与精力来培养。

①刘铁芳. 重新确立乡村教育的根本目标 [J]. 探索与争鸣，2008（5）：56-60.

六圩中学同样也有这样的情况。因为毗邻城区，教师个人发展的机会将更加多元化。

可见受客观经济条件、师资配置需要以及教师个人主观因素影响，乡村留不住老师，更留不住优秀的老师。而这其中交替的空档对于乡村学校的发展，以及学校想要推动的乡村文化事业都是一种弱化。

其次在我们现有的教师队伍的培养体系中，忽视了对于乡土情感的解读和认知。许多到乡村就业的教师，与其所在的乡村社区情感上可能处在一种陌生隔阂的状态，同时也缺乏主动了解乡土文化和投身乡村教育事业的热情。虽然在义务教育均衡发展的背景下，大部分乡村学校的教师数量能够达标，但是这些乡村教师的内在热情未必达标。

乡村地区经济发展水平不高，想要有充足的教师资源已经是比较有难度的事情了，而还想在其中的老师都特别踏实地投身乡村教育事业，富有极高的乡村建设热情，那是更加困难的事情。

有情怀的乡村教师是实心实意对待自己的教学工作，拥有了解学习乡村文化知识的兴趣，并且要以坚定的信念坚持下去，而这一切对于个人是没有什么经济效益的，纯粹是奉献，这就对我们培养乡村教师提出了很大的挑战。进入乡村学校的教师，在前期师范类的培养可能并未涉及或是少有接触这一块，这是先天的不足；而后期教师个人的价值观等已经基本定型，乡村学校即使有意识培养，也会存在耗费时间长、成效不显著的情况。而存在这一问题的原因主观上是早期对于乡村教师的职业情怀培育有些忽略，另一方面客观上乡村地区发展落后，自身缺乏吸引力，难以达成优中选优的师资配置。

2. 学校教育对乡村文化的传承推广较为表层

乡村学校可以从学校文化、校舍建造、课程创新以及校园活动这四个方面来吸纳乡村文化，做到以学促文。但是正如前文所述，乡村学校对于乡村文化的吸收接纳，仅仅只能摆在整个教学中的从属位置，并且还容易受到质疑与否定。上文研究的下南中学与六圩中学已经属于乡村学校中能较好促进当地乡村文化发展的学校，获得了很多实践的经验。然而还需要我们注意到的是学校的这种文化教育，更多的是为学生营造一种文化的氛围，对于当地乡村文化的认知处在感觉的萌芽阶段，内容了解的基础阶段，学校所做的文化教育的推广，能保证乡村文化传承的广度，但却不能保证乡村文化传承的深度，这对未来乡村文化的发展是一个很大的考验。例如毛南族的傩面雕刻技艺就存在着手艺传承困难的问题。下南中学虽有在美术课堂上引入对于傩面的绘画和剪纸，但是对于传统的雕刻手艺较难实现一种技艺传承。现阶段中学的学校教育更多的是帮助青少年进行思维开发和知识储备，促进其全面的成长发展，而不是专门性的文化手艺研习，这是引起学校教育对于乡村文化的传承推广较为表层的一个局限因素。

要传承乡村文化，并不如我们想来的那样简单，不是喊喊口号或是收集整理好乡村文化知识就算达成的。它需要乡村教师，这个乡村教育中的主要传导者去落实，也需要乡村学校整个大环境的举力支持。简单的学校教育传播难以保证乡村文化传承的深度，难以保全乡村文化的特色精髓，这也就导致了其对于乡村文化的承继发展后续动力不足。

（三）以乡村学校为乡村文化传播载体的辐射范围有限

乡村文化的建设需要乡村学校的支持，乡村学校文化是整个乡村文化的重要组成部分，"以文化育人"的观念更是肯定了学校作为文化传播的载体的教化功用。乡村学校虽不是整个乡村社会文化传承的唯一助力器，但就乡村学校可以触及的领域范围而言，起到辐射作用的范围还是比较有限。

1. 乡村学校教育未能辐射到学生家庭

教育是一种双向互动的社会活动，体现在教师与学生的互动，学校与家庭的互动。每一个学生在进入学校之前，受家庭生活方式的影响，自身已经附带有一种来自于生活的文化特性，这种文化特性会在学校构建的教育体系中得到维持、强化或者是改进。同样的，学校教育传播的现代文化知识和价值观念也会作用在学生身上，通过他们言行、活动带入到自身家庭和乡村社会中去。这种互动所起到的辐射作用，是乡村学校能承继乡村文化、促进乡村新文化形成的一种保障。受农村中小学布局调整的政策影响，乡村地区的撤点并校让乡村教育教学资源更为集中，这也导致的很多乡村全乡只有一所中学的情况。出于对安全性和照顾性的考虑，这些乡村中学大多都置办成为寄宿制学校。寄宿制学校意味着孩子们更多的生活时间是固定在学校的，与自身家庭交流的时间会相对减少。这种互动关系的减少，自然也会限制学校教育所能发出的辐射作用。

另外，受经济大潮、城市化价值取向的影响，这些乡村孩子的父母辈、兄长辈可能是主动"逃离"乡村的第一代乡村群体。虽然整个家庭的老一辈和小一辈都在乡村，但是作为家庭主心骨、作为担负家庭生命脉络的中青年，是缺席的。乡村地区对于家庭教育的重视程度不够，让乡村学校在乡村地区成为了一种教育"全托"。从学校反映来看，乡村孩子大多是由爷爷奶奶带大的，家庭教育跟不上，对于孩子的成长基本上是呈现"少过问""不过问"或者是"不懂问"的情况。家校联系方面难以做好，缺少家庭的配合，学校就像是在独腿行走。哪怕是乡村学校关于乡村文化的教化切实作用在孩子的身上了，那他们带回家庭的辐射作用也是极小的。因为孩子所能影响到的老一辈人已经退居乡村社会发展的幕后，而有真正建设能力的乡村中青年的缺席，让孩子们都无法接触到。

2. 学校教育的乡村子弟尚未成为文化建设主导者

学校的教育功能对于乡村文化的传播与更新是有力而绵长的。乡村学校开始意识到自身有责任有义务去传承促进乡村文明，但是乡村学校所能起到的文化教育、文化传播只能集中作用在当下就读的乡村青少年的身上，而这一批乡村孩子还不是目前乡村社会发展的主体力量。很多乡村学校关于文化的传播、教化做了很多的努力，花费了很多的心思去建造学校、设计活动，都是希望学生能在这样的氛围中慢慢受到感染而有所领悟。即使有作用也只能像春风化雨一般，通过乡村孩子简单的言行展现，或是保留在其个人的思想情感当中，想要非常显著的成效一时是难以验收的。乡村学校作为乡村文化传播载体，其必要性无可非议，但这是一个比较耗时的漫长过程，其中也充满了很多不确定性，所以能起到的辐射作用是有所限制的。

（四）乡村学校的文化教育与乡村公共文化交流不紧密

为了繁荣发展乡村文化，不少地方政府已然着手打造了能保护乡村地区特色文化、提升乡村地区文明水平的公共文化区域、文化设施，同时也积极开展乡村优秀人物、道德模范的评选表彰活动，然而类似这些的乡村公共文化活动与乡村学校的联系并不紧密，双方缺乏联动，显现出各自奋战的局面。如此乡村学校既不能更好的为乡村文化发展服务，乡村文化也不能充分利用乡村学校这个文化子单元的力量。

1. 两者的文化传播内容大体相同，缺乏交流的必要性

就目前乡村的综合实力而言，最快注入文化元素、改善乡村文化面貌的方法是加大对乡村地区公益性、共享性文化设施设备的建设。在乡村基层中逐步建立起的博物馆、文化馆、休闲健身器械等都是提升乡村文明程度的文化单元、文化符号。在传承文化的过程中，对文化进行系统性的整理，再加之以推广传播是最基础性的要求，同时也是最长远的任务。关于这一点，无论是乡村学校还是其他文化单位都能有充分的认识，并且也努力将文化传播落到实处。然而在我们转变观念，加强对乡村文化认同，并结合新时代思想促进文化再造，以解决乡村文化传承困境的这一过程中，我们对于乡村文化资源还处在挖掘保护的阶段。处在这一基础阶段十分容易出现文化传承过程中的文化内容扁平化、传播路径单一化、展现形式趋同化的问题。以极具民族文化特色的下南乡而言，下南中学与下南乡的另一文化阵地——下南乡民族文化活动中心在地理位置上相距不远，都是乡里文化宣传的主要阵地。可无论是学校还是活动中心，对于毛南民族文化的介绍都还是围绕着民族来历、民族语言、民族服饰等内容，文化传播内容上的趋同性往往成为了一种干扰，降低了两者作为乡村文化子单元的对外吸引力和双方合作的可能性。简单地说，就外部交流而言相同的东西没有重复看的必要，就内部交流而言"你有我也有"的东西没有交流的必要。这也就大大地减少了乡村文化单元之间的交流互动。

2. 两者针对的文化受众不同，缺少交流渠道

在乡村振兴战略中，乡村文化的繁荣发展要以社会主义核心价值观为引领，要以中华优秀传统文化为核心，要以公共文化服务体系建设为载体，这需要全社会的支持与努力。在推进乡村文化建设的过程中，乡里各级政府部门、文化单位、乡村学校各自所处的地位和所承担的责任不尽相同，这也导致每一个组织在传播文化、推广文化的进程中所面对的受众和所采用的方式不同。无论是乡村学校的教育推广还是乡村其他文化部门的宣传推进都还处在探索阶段，面对这种差异性，大家在实际的文化建设工作暂时很难落实一种兼顾不同层次文化受众的文化推广模式。乡村学校的文化教育与乡村公共文化所服务的对象不同，双方缺乏互联互通的关系渠道，交流就不甚紧密。

四、乡村学校教育促进乡村文化发展的策略建议

近年来，在乡村振兴战略背景影响下乡村学校已有了与乡村地区共融共赢的觉醒，如何能在此基础上更大程度地发挥乡村学校服务乡村文化的力量，促进乡村文化，这需要多方面的互通交流和鼎力支持。就此，本研究试图从乡村教育模式目标、乡村教师队伍建设、乡村学校与乡民、乡村社区的融合等方面提出一些策略建议，希望对乡村学校、乡村文化发展的研究能有所帮助。

（一）重新审视乡村教育模式，建立教育新目标

"乡村振兴战略"是国家在认真总结农业农村发展历史性成就和历史性变革的基础上，准确研判经济社会发展趋势和乡村演变发展态势而做出的重大决策部署。《乡村振兴战略规划（2018—2022年）》中以"产业兴旺、生态宜居、乡风文明、治理有效、生活富裕"为乡村振兴的总要求，对于未来乡村社会的发展有着"三产"深度融合的建设目标。这表示着我们乡村地区的发展需要的是复合型人才或者说是聚合型人才结构网络，也就意味着乡村学校的育人目标不能再与城市学校趋同，而应该结合乡村发展趋势有新的教育探索。

1. 积极探索乡村人才的全套培养模式

学术界关于乡村学校、乡村教育的研究大都一致认为乡村学校的教育模式是以城市精英教育为价值取向的，是脱离其存在空间而进行的教育。这指出了原有乡村学校教育忽略乡村社会文化、生活经验的问题，同时也展现了乡村地区因"落后""衰弱"而等待被改革的无奈状态。但笔者认为，我们在呼吁乡村学校要有乡村特性，甚至是以服务乡村为乡村教育的最终落脚点的同时，需要注意现阶段我国乡村地区的实力大多只能承担到义务教

育阶段，学生之后的发展道路依然需要往城市靠拢。那么为了乡村孩子能受到更高一阶段的教育，乡村学校只能沿着城市学校的教育选拔的路子来走。

下南中学是传承民族文化，促进乡村文化发展方面做得比较好的学校，然而在校领导交流的过程中，依然可以感受他们在这一块工作和发展的压力。如果没有连年的全县中考质量一等奖，没有考上艺术类院校、考上清华北大的学生数据支撑，可能推进民族文化进校园的工作依旧被批判成"不切实际"的做法。

因此，从宏观层面来说在教育这一块需要设立更符合农业农村地区发展的高等教育体系，以接纳这些从乡村走出来的孩子或是有志向投身乡村建设事业的学生。只有了无缝对接的进修路子和培养模式，让乡村孩子看到未来的出路与希望，乡村学校才有可能将教育的重心真正转移到"乡村"中来。积极探索乡村人才的全套培养模式，不将乡村子弟与乡村地区的关联纽带单纯寄托在一点成长时期所受到的情感教育上，我们对于乡村子弟反哺乡村的希望才有可能实现。

2. 主动转化乡村学校的教学育人意识

基于现有教育体制的模式，乡村学校在教育内容上能掌握的灵活空间已经比过去大了很多，乡村本土文化资源的开发、将乡土文化融入校本课程、开展丰富的特色校园活动等已经在行动的路上。而如何能坚持做下去、创新地做下去，除了需要当地各级政府、教育主管部门的支持，核心要义是乡村学校自身教育意识要有所转变，切实以适宜乡村子弟的智力开发、人格健全发展为教育中心。

下南中学以民族特色文化为依托，丰富学校文化、育人理念的建设，校园里的建筑文化、开设的民族文化艺术节、多语种讲故事比赛等一系列民族文化传承活动，都受到了乡县的一致好评，并采纳为县乡级推广文化活动的基本形式。而对于这一种学校教育方式的探索下南中学付出了八九年的努力。再比如六圩中学，根据当地乡村孩子的特性来制定学校育人文化，通过美文阅读、练字、节日体验活动以及学校老师细致温暖的阳光教育法，来帮助孩子们在城乡落差的冲击中获得个人发展的积极走向。这样的一种教育方法的落实也坚持了五六年的时光。这两所学校切实以当地的文化、乡村孩子的特性为校园文化哺育的出发点和落脚点，让学生们对自己所生活的环境有认识有感情，为他们的精神世界增添了自信与坚韧，尽量不让他们因为地域的落后在人格发展的过程中受到影响。这对于其他乡村学校在促进乡村文化发展的服务进程中是一个比较好的借鉴。

（二）突破教师队伍培育困境，补足教育推动力

在时代的召唤下，乡村地区需要焕发出新的面貌，乡村学校在其中发挥的作用力是不容小觑的。乡村振兴战略注重乡村建设的内涵提升，而文化的塑造与人才的培养是内涵提升的关键。党的十九大报告提出乡村振兴战略，这对于乡村学校而言亦是获得了新的发展机遇。生活在乡村的青少年天然拥有与乡村环境的熟悉感，如何让乡村的青少年健康发展，成长为乡村建设的可用之材，关键要看乡村学校的教育，乡村教师的引导。面对乡村地区的师资问题，我们除了以加强乡村经济建设、提升公共服务质量、提高教师薪资待遇等这一物质层面的满足来增强乡村教师职业吸引力之外，我们还应该看到在乡村振兴战略背景下，我们对乡村的教育和乡村教师本身又有了更多的期望。这就需要我们把握发展的机遇，通过提高乡村教师综合素质、有效利用支教活动突破当前乡村教师队伍建设的困境，为推动乡村文化发展的乡村教育事业提供源源不断的发展动力。

1. 在教师培养中融入乡村文化

我们期望未来乡村的发展是与城市发展并举的，讲"城乡一体化"是公共服务水平、综合管治的一体化，讲"城乡二元结构"只是地域风貌的不同，生产侧重的不同。在推进乡村建设，促进新时代乡村文化形成的过程中，乡村学校要承担其传承延续乡村文化的责任，要教育乡村子弟实现人才反哺乡村的可能，要成为乡村世界的文化核心力量，这都需要我们教育中的主要承担者——乡村教师，在心中存有着对乡村文化的认同尊重和投身乡村教育事业的热情。

因此对教师的培养需要注意两个方面：一是在师范类教育培养中适当融入乡村文化；二是加强对乡村学校现有教师的培训。对于师范类里定向培养的学生可以有针对性地加入了解乡村教育、乡村教育事业探究的内容，增加到乡村地区参与教育实习的机会和时间，让其在培养学习的过程中对乡村环境、乡村文化能有初步的了解与认识。而对于乡村现有教师的培训，除了增强其现代教育教学的思维与技能，同时还应该增加其参与将当地乡土文化资源编入教材、进入课堂等相关工作的机会。让在岗的乡村教师既能发挥自己原有的主观能动性，又能深入感受乡村文化，以培养文化兴趣。

乡村的振兴需要农业走向现代化，而想要乡村基层建设者的观念走向现代化，在乡村子弟成长的阶段就需要有情怀有远见的教师把握好引导的大旗，避免将农村学生"塑造"成村落文化的"逃离者"和"不适应者"。"注重对乡村教师的乡土文化启蒙，引导乡村教师认识乡村教育的独特价值以及作为乡村教师的文化责任，培育其对乡土文化以及乡村社会的情感与热情。"① 让他们看到乡村发展的后劲与潜力，他们在培育学生的爱乡情感之时，才会更为真切。

---

① 纪德奎，赵晓静. 城乡教育一体化背景下乡村学校文化的现实形态与价值取向 [J]. 当代教育与文化，2012（6）：76-80.

2. 合理有效运用社会支教服务

任何地方的经济发展和条件改善都不是一蹴而就的事情，面对乡村地区师资数量和质量的薄弱，国家提倡和鼓励以多种形式开展支援活动以此缓解乡村贫弱地区的教育事业的压力。我国的支教作为一项支援落后地区乡镇中小学校的教育和教学管理工作的社会活动，有国家官方支教途径和非国家官方支教途径两种形式。前者主要是面对应届毕业生，是由国家官方组织的支援项目，例如"三支一扶"计划、"大学生志愿服务西部计划"、团中央的"扶贫接力计划"以及各省区、高校组织的志愿者支教活动等等；而后者面向的范围会更广一些，是由民间组织自发形成的志愿活动，例如"天使支教""为中国而教""美丽中国"等组织。另外还有高校师范类学生教育实习与乡村学校的合作、教师职称评定需要乡村服务经验等方式，都是注入乡村地区的高质量教育支援，能为乡村学校补入新鲜力量。

面对这些教育支援活动，乡村学校要有意识地针对其临时性、短暂性、变动大的一些特点灵活将这些支教老师纳入到本校的正常教学体系中。这些外来的师资力量可以在一定程度上分担乡村教师的教学工作压力，并且一些优秀的教师可以为乡村教师带来更为先进的教学观念，对于乡村教师的素质能力提升产生间接影响。与此同时，乡村教师可以腾出一部分时间与精力钻研乡村文化进校园、乡土知识进课堂的教学试验。外来师资力量的补充，可以为当地乡村教师的专业发展提供"充电"的契机。乡村学校学会合理有效的运用支教服务，乡村教师与支教老师之间互相探讨、互相学习，能为乡村学校的发展带来活力，十分有益于增加乡村学校教育的后续动力。

（三）探索校园开放度，辅助建立乡民文化心态

国家大力发展科教文卫事业，在长期的努力下人民群众对于知识文化的重要性认识有了极大的提高，适龄儿童入学接受教育不仅是一种法定义务，同时也是民众对于后辈成长发展的迫切需要。在乡村地区，由于种种原因乡村学校与普通乡民之间似乎存在着一种壁垒，好像学校只与年龄应景的学童少年有关。学校教育的主要服务对象是在校学生，但是其教化的张力范围是大过于此的。如何更好地发挥乡村学校文化子单元的作用力，就需要探索乡村学校对于乡村民众的接纳度，打破学校与普通乡民之间的关系壁垒，辅助乡民建立文化心态。

1. 以资源共享唤起乡民文化自觉

乡村学校承载着乡村培育人才的希望，乡村学校的教化能力影响着当地的经济发展。而想要提高学校教化能力，提升文化影响的辐射作用，则需要各级各类行政单位、教育部

门与学校本身共同努力，以较高质量水平完善乡村学校文化方面的硬件建设，使其具备有更多服务乡村民众、推进文化发展的能力。让乡村学校在吸纳乡村文化，将其转化为教育内容作用在学生身上的同时，也可以探索学校面向乡民的开放程度，将教育的作用力外放。例如可以通过加强学校图书资源库的建设，使其承担本地图书资源共享的责任。乡村地区受经济实力的制约，单纯的为乡民建立图书馆或是知识文化场地是比较难的，因此可以借助乡村学校的文化场地为建设基础，既省去了乡村规划的不定变化，同时也在丰富乡村学校的文化资源，便利乡村民众与在校师生的学习。另一方面，乡村学校也可以在节假日的时间，合理利用学校场所等承接一些校外活动，做到场地资源共享。比如可以利用教室场地承接乡里、村里农业知识讲堂，或是学校操场承接校外文艺活动，等等。

在不影响乡村学校正规的日常管理的情况下，学校适当地向其他乡民开放学校的文化资源设施，是增加学校与乡村民众生活联系的手段，以资源的共享为乡民丰富自身文化生活提供有利条件，尽可能地消除乡民心中"文盲"羞于走进学校的心理壁垒，乡村学校才能逐步承担作为文化交流、思想集散中心地的更大功能，才能更好地促进乡村建设与乡村文化的发展。

2. 以实践活动促进乡民文化交流

学校教育是一种特殊的社会活动，它组建了老师、学生、家长三方之间的互动关系。在乡村地区普遍呈现一种教育"全托"的现象，反映出的是家校合作欠缺、学校教育独腿行走的问题。这样的情况除了是因为受到经济大潮冲击，以城市为价值取向导致的农民外出打工的影响外，换一个角度思考也掺有这些农村家长因自身受教育有限，不愿、不便也不懂参与孩子成长教育的因素。若想要帮助这些农村家长同样受到文化影响从而关注重视孩子教育，其实学校可以尝试着从开展学校活动开放日的方面着手。例如像下南中学开办有多语种讲故事比赛、民族体育运动会等一系列有趣的民族文化校园活动，或是六圩中学的美文朗读比赛、节日体验活动等就可以邀请农村家长入校观摩，从这样一些趣味性的活动着手，慢慢拉近家长与学校的距离，才能让他们受到学校文化氛围的熏陶，引导他们关注孩子的成长，消除他们教育不好触及的躲避心理。让乡村学校真正成为促进老师与家长、家长与家长之间良好的沟通平台，帮助农村家长进入到一种文化交流的氛围当中。同时在这样一个过程中，能让农村家长们看到乡村学校也具备培养孩子综合素质的能力，看到乡村教育的可靠性，转变他们认为只有城里的教育才最好的观念，如此也有利于乡村青壮年劳动力的回流，慢慢提高乡村家庭教育的重视程度。

（四）加强乡村文化联动机制，打造文化核心区

要推动乡村文化的繁荣发展，不能光靠乡村学校的文化教育，还需要其他文化单位的

通力配合，才能深入挖掘当地的文化资源，在加强乡村民众思想道德建设的同时，明确各乡村文化单元的内涵责任，加强乡村文化联动机制，为当地民众建构一张富有当地特色、新时代乡村社会需要的精神文化网，建立起文化核心区。

1. 逐步完善乡村文化服务设施网络建设

乡村文化单元的建立健全是推动乡村文化发展、增加优秀乡村文化产品和文化服务供给的实际载体，乡村各文化单位、文化站点、乡村学校等所联系构建起来的文化区域网络是活跃繁荣乡村文化局面的最强力量。乡村学校可从学校文化、校园建设、创新课程以及文体活动四个方面融入乡村文化，助力文化传承，那乡村社会中的其他文化单元则应该在传播乡村基础文化的同时，继续加强对于本地文化的挖掘与再造，通过精准保护和精深学习保全乡村文化的精髓（如非遗手艺）。乡村学校与当地文化活动中心、文化展览馆加强交流，在互联互通的过程中帮助当地的文化活动室、展览馆"活"起来，丰富学校教学可利用的文化资源，才是有利于文化资源整合，集中力量促进文化发展的做法。各自明确在文化传承中的主要任务，显现出各自在乡村文化发展中的不同作用，搭建起乡村文化网络，才能让乡村文化在时代的发展中有更丰富的内涵与产物。

2. 根据实际文化活动适当扩大受众范围

乡村地区的振兴，乡村文化的繁荣需要全体乡民以及投身乡村的建设者的共同努力。新时代乡村文化的形成发展不能光靠乡村学校的教育推广，或是政府部门的思想宣传，当然也不能是对乡民的生活进行简单的文化填入，而应该是三者的有机结合，通力配合。各文化中心、文化单元只有在传播弘扬乡村文化的过程中更具有普适性，以实际情况适当扩大受众范围，才能拓宽各文化单元之间的交流渠道，让乡村文化的联动机制得以建立。比如在培育文明乡风、良好家风、淳朴民风的建设过程中，会广泛开展好媳妇、好儿女、好公婆等评选表彰活动，会开展寻找最美乡村教师、医生、村官等活动，这是重视道德模范的榜样力量。乡村学校无法举办这样的活动，但是可以在后期参与投票、宣传等部分，丰富了乡村学校的文化教育内容。

多个乡村文化知识单元点的通力配合，会为当地文化发展提供良好的环境和氛围，有利于在互帮互助中推进文化观念、内容、业态、机制的创新，以充实的内容、多样的形式满足乡村人民群众多方面的文化需求。推动乡村文化发展，加强多个乡村文化单元点的联动机制，努力打造乡村文化核心区，乡村学校才能在这样一个强大的文化氛围中，借助共有的力量，发挥更大的作用。

第六章 城乡融合发展与乡村文化振兴探究

第一节 我国城乡融合发展的现实基础

城乡融合发展是一个自然的历史过程。随着生产力的不断提高和工业化进程的加快，必然要求突破城乡的分割，从而走向城乡互动的融合发展道路。根据世界经济的发展经验，我国目前已经发展到了推进城乡融合的历史时期。特别是由于我国城乡的二元结构还没有破除，因而，应时顺势地大力推进城乡融合发展，不仅具有历史的必然性，更有着现实的紧迫性。

一、我国已经发展到了"以城带乡"的特定阶段

（一）社会生产力的高度发展必然导致城乡关系趋向融合

从城乡发展的一般规律来看，城乡关系的发展演变与社会生产力的发展程度和发展水平紧密相关。城乡分离、城乡对立及城乡发展的差别，是一定阶段社会生产力发展水平的反映，是不可避免的阶段。城乡分离和对立问题的解决，不是取决于人们的主观意志和良好愿望，归根到底要靠社会生产力的发展来实现。① 社会生产力的发展达不到一定的程度和水平，就不可能消除城乡之间的对立和失衡，也就不可能实现城乡关系的完全协调、融合。

从生产力发展的内在规律来看，城乡经济社会发展本身是一个分散结构系统，城乡之间互为开放和互为关联，是城乡发展一体化的基本特征和运行规律。随着社会生产力不断发展，城乡物质财富不断扩大，必将不断缩小城乡发展之间存在的差距。城乡从对立到开放、到城乡协调，再到城乡融合，是大势所趋、势在必行。

改革开放40多年以来，我国城乡生产力均实现了快速发展。随着经济的不断发展和社会的全面开放，我国的城乡关系日益紧密，城乡相互作用日益加强，城乡融合发展的趋势不可阻挡。

---

①姜作培．城乡一体化：统筹城乡发展的目标探索［J］．南方经济，2004（1）：5-9．

（二）工业化进程已到了以工促农、以城带乡的发展阶段

党的十六届四中全会指出，"纵观一些工业化国家的发展历程，在工业化初期，农业支持工业，为工业提供积累是带有普遍性的趋向；但是工业化达到相当程度以后，工业反哺农业、城市支持农村，实现工业与农业、城市与农村协调发展，也是带有普遍性的趋向。"① 这一论断高度总结了工业与农业、城市与乡村关系的发展规律。

在工业化进程中，工业结构的变动规律为：轻纺工业起步（劳动密集型产业），发展为重工业化（资本密集型产业），然后发展为高技术化（技术密集型产业）。随着工业结构的变动，工农业关系的变动规律为：在工业化初期，农业对国民经济的贡献作用较大，但随着工业化水平的提升而逐渐下降，农业仍然是推动国民经济社会发展的主导产业，此时工农业关系为"农业哺育工业"阶段（即为第一个趋向）；在工业化中后期，工业成为国民经济的主导产业，此时工农业关系为"工业反哺农业"阶段（即为第二个趋向）。

工农业关系发展的"两个趋向"是世界各国工业化发展的客观规律。在工业化过程中，能否正确处理工农业关系、城市与乡村关系是关系国家兴衰和现代化成败的关键之一。尤其在进入工业化中后期，统筹城乡发展、努力缩小城乡差距和工农业发展差距，是世界各国在推进国家现代化过程中遵循的普遍规律。②

目前，我国总体上已到以工促农、以城带乡的发展阶段。我们应当顺应这一趋势，更加自觉地调整国民收入分配格局，更加积极地支持"三农"发展。因此，遵循工业化发展的客观规律、顺应工业化进程中"两个趋向"，实行"工业反哺农业、城市支持农村"，统筹兼顾工农业发展和城乡发展，势必推进城乡差距的日益缩小和城乡融合发展。

二、市场经济的深化客观要求城乡融合发展

（一）市场经济的深化发展要求城乡要素的自由流动

市场要素包括土地等自然资源、劳动力和资本等有形要素，也包括劳动者技能、知识、技术和信息等无形要素。市场经济是以这些要素为基础条件的，要素的自由流动是市场经济深化发展的必要条件和必然要求。

由于现代社会分工的进一步细化，土地、资本、劳动力、技术和信息等要素在城市和农村的配置方式、配置效率不仅存在着形式上的差异，而且存在着由这些形式上的差异导

---

①刘志军.贯彻党的十六届四中全会精神　加强和改进社会主义学院工作［J］.内蒙古统战理论研究，2005（1）：17.

②毛林根，毛隽.消除二元结构与城乡一体化制度创新［J］.贵州社会主义学院学报，2009（4）：45-51.

致的要素在城市和农村两个不同的空间范围的效率差异，也引起了城乡财富水平的差异。然而，市场经济的深化发展会使要素流动产生组合效应，使空间上高度分散的经济活动成为一个有机整体，从而有利于经济社会总体财富的增进和经济社会的秩序化。

我国社会主义市场经济的深化发展必然要求从注重商品交换到注重要素流动，要素在城乡之间的自由流动将打破城乡二元结构，促进城乡融合发展；反过来，城乡融合也将进一步加速要素的自由流动，促进我国社会主义市场经济的深化发展。

（二）城乡要素的自由流动要求城乡融合发展

城乡之间要素的流动涉及城乡贸易、协作和城乡之间的投资。城乡贸易以城乡的经济分工为基础，可以实现要素的互通有无、调剂余缺、促进城乡经济的共同发展；而通过城乡贸易产生的经济收益或共同收益在城乡之间的分配，会因为要素的市场属性、技术属性、交易制度安排的不同而不同。城乡协作一般通过各种不同规模的经济组织实现经济联合体，提高城乡之间的商品、劳务、资金、技术、信息、管理的组织化和集约性程度，从而实现城乡的共同利益；而共同利益的分配取决于城乡之间投入到经济组织中的不同要素的相对稀缺性。城乡之间的投资会因为引发城乡要素的集中而产生协同效应、学习效应、降低运输成本和交易成本。

市场是各种经济要素发生作用的场所，也是联结城乡关系的重要纽带，市场融合是城乡要素自由流动的关键环节，只有在城乡融合条件下，城乡要素的自由流动才能真正实现，城乡贸易、协作和城乡投资的相应壁垒才能真正消除。

尽管目前的城乡关系从一定程度上说仍不够协调、城乡融合发展的体制机制还未建立健全，但随着我国城乡改革向纵深不断推进，市场机制作用领域的不断扩展，市场配置资源的力度不断加强，城市与乡村的经济社会机制势必无法分开运作，试图在城乡各自领域内分别解决发展过程中存在的诸多深层次矛盾将无法实现。将城乡作为一个相互依存、有机联系的统一体，在同一空间内统一谋划城乡发展，统一城乡资源配置，统一城乡建设规划等将成为必然趋势。

三、全面深化改革迫切要求彻底根除"二元结构"

自1992年党的十四大明确提出了建立社会主义市场经济体制的改革目标以来，我国的经济体制改革不断深化，实现了从高度集中的计划经济体制到充满活力的社会主义市场经济体制的历史转折。目前，我国已经建立了基本完善的市场经济体制，市场手段已取代计划手段成为资源配置的主要方式，价格信号已取代数量信号成为主要的市场调节机制，宏观调控取代了直接的政府干预，经济无论在总量还是质量上都得到了空前的发展。

我国的城乡关系也由原来的对立、分割逐渐走向开放、联合与协作，城乡关系已发生深刻变化，城乡联系日益增强。但受历史的、现实的种种因素制约，我国城乡区域发展差距依然较大，城乡还未达到融合的状态，目前城乡二元结构矛盾仍然较为突出。

城乡二元经济结构一般是指以社会化生产为主要特点的城市经济和以小农生产为主要特点的农村经济并存的经济结构。我国的城乡二元结构体制矛盾主要表现为：城乡经济结构差异较大——城市经济以现代化的大工业生产为主，而农村经济以典型的小农经济为主；城乡基础设施水平差距较大——城市的道路、通信、卫生和教育等基础设施发达，而农村的基础设施相对落后；城乡居民收入差距不断扩大，城市的人均消费水平远远高于农村；相对于城市，农村人口众多；等等。

城乡二元结构体制的长期存在除了带来城乡发展差距较大的问题，还给我国经济与社会发展带来了很多深层次问题，典型地表现为城镇化发展缓慢和"三农"问题。

就城镇化来看，虽然我国的城镇化进程在改革开放后不断加快，但由于长期受二元结构制约，我国的城镇化发展相对于世界城市化进程而言仍然较为缓慢。

"三农"问题一直是党和政府工作的重中之重。当前我国农业、农村发展步入了新的发展阶段，在有利条件和积极因素积累增多的同时，各种传统和非传统的挑战也在叠加凸显：农业综合生产成本上升，农产品供求结构性矛盾突出，农村社会结构加速转型，农村劳动力大量流动，农户兼业化、村庄空心化和老龄化，农民利益诉求多元化，农村社会管理亟待创新和加强，农业资源要素流失加快，城乡要素平等交换的要求更为迫切，缩小城乡区域发展差距和居民收入分配差距任重道远。对此，党的十八大指出，推动城乡发展一体化是解决"三农"问题的根本途径；党的十九大提出，要实施乡村振兴战略，优先发展农业农村，建立健全城乡融合发展体制机制和政策体系，加快推进农业农村现代化。党的二十大报告专门提出，要全面推进乡村振兴，坚持农业农村优先发展，加快建设农业强国。

经济体制改革的深化将势必从注重对外开放向更加注重对内开放转变，从注重市场中商品的公平交换向更加注重要素的自由流动和资源分配在机制上的公平性转变，客观上要求城乡进一步打破二元结构，推动城乡融合发展，实现要素的自由流动和资源按市场机制的最优分配，实现城镇化的快速发展和"三农"问题的有效解决，推动经济社会的可持续发展。可以说，破除城乡二元结构、实现城乡融合发展既是经济体制改革深化的迫切要求，也是我国经济体制改革深化发展的必然趋势。

四、经济全球化凸显城乡融合发展的紧迫性

纵观发达国家城乡发展的历史，其城乡关系大致也经历了如下的发展阶段：城市于农

村中孕育—城市与农村的分离与对立—城市辐射农村—城市反哺农村与农村对城市逆向辐射—城市与农村相互促进、融合与共同繁荣。

目前，发达国家总体上已进入后现代化社会阶段和城市化的成熟发展阶段，城乡基本实现了融合发展，城乡联系紧密，工业与农业发展相互依存，农业实现产业化发展，农场经营集中化、规模化、资本化和企业化，农民收入水平和社会地位大幅提升，基本与城市居民在社会地位上平等。

在经济全球化和竞争全球化的背景下，与同时代的发达国家相比，我国目前还存在较为突出的城乡二元结构矛盾，这在一定程度上限制了我国市场经济的活力和经济竞争力的提高。改革开放使我国加入到全球化的国际分工和贸易体系中，我国依靠廉价的劳动力、土地资源等比较优势参与全球化经济竞争，在国际上塑造了"中国制造"的形象。但随着改革开放的深入发展，我国城乡二元结构矛盾下的深层次问题进一步凸显：劳动力等市场要素尚不能在城乡之间自由流动，损害了劳动力市场的公平公正，不利于人才培养和人力资源优势的发挥；城乡发展差距导致的区域差距加大，产业结构有待优化；经济结构性矛盾突出、经济结构需要转型升级，以资源消耗型和劳动密集型的"中国制造"需要向技术型和资本密集型的"中国创造"转变；等等。

因此，受国外发达国家城乡发展一体化的影响和经济全球化背景下的国际竞争压力的影响，我国应加快破除城乡二元结构、推动城乡融合发展，通过城乡融合发展提高经济的内在活力和竞争力。

第二节 城乡融合视域下乡村文化振兴的困境

一、乡村思想政治教育工作有待加强

思想政治教育是"指一定的阶级、政党、社会群体用一定的思想观念、政治观点、道德规范，对其成员施加有目的、有计划、有组织的影响，使他们形成符合一定社会、一定阶级所需要的思想品德的社会实践活动"①。它规定着社会文化的性质，引导着社会文化的发展方向。做好农村思想政治教育工作，对于乡村文化的建设与发展意义重大。然而，我国当前农村的思想政治教育工作仍存在以下问题。

---

①张耀灿等．现代思想政治教育学［M］．北京：人民出版社，2001：5.

（一）部分基层干部存在认知偏差

乡村基层干部作为乡村各项工作的主要推动者，是当前我国农村思想政治教育工作的核心主体，他们对于思想政治教育的认知程度以及重要性判断，在很大程度上影响着农村思想政治教育工作的成效。在基层干部访谈中我们发现，在推进农村工作中，一些基层干部习惯将经济建设作为重点，着眼于提升农民的物质生活水平，大力推动农村经济发展，而对思想政治教育的重视程度则相对较低，因此在其中投入的精力也相对较少，将思政教育工作的目标和要求停留在较低的综治维稳层面，认为"只要不出大乱子即可"，只有当矛盾发生时才解决矛盾。在这种对于物质与意识辩证关系缺乏充分认识、单纯追求经济增长的情况下，乡村思想政治教育工作收效甚微。

（二）思政工作队伍的专业性不足

农村生活条件简陋、交通不便、工资福利待遇较低等原因，使乡村难以吸引和留住思想政治教育人才，从而使得农村思政工作专业性较弱。据一项调查显示，"我国有 35% 的初中、66% 的小学设在乡村，乡村学校是我国覆盖面最广的基层教学单位"[1]。因此，乡村思想政治教育应是需要重点关注的领域。但事实上，乡村教师所教学科数是 4 门的比例占 37.57%；担任 1 门学科的教师仅占 4.76%。[2] 这也说明，当前乡村教育人才资源的匮乏，同时存在专业性不足的问题。在缺乏专业思政队伍的情况下，村两委干部成了农村思想政治教育工作的主要承担者，特别是在中西部地区，据曹莉莉在陕西省的调查发现，村干部的年龄主要分布在 55 岁及以上，拥有大专和本科以上学历的村干部占比之和约为 6.5%，村干部队伍不仅存在老龄化的问题，而且学历水平普遍偏低，大部分未接受过专业训练，因此思想政治教育理论和专业素养不足，工作方法也局限于照本宣科、经验主义、缺乏生命力，从而减弱了农村的思想政治教育的针对性与实效性。[3]

（三）思政工作的规章制度有待建立健全

农村思想政治教育工作的成效，不仅依赖于专业化的人才队伍，还依赖于规章制度的有效建立，通过统筹安排与合理部署，全面推动教育工作落实见效。规章制度管全局、管长远，是提升农村思政工作效能的关键。然而受客观条件限制，我国大部分行政村的思政

---

①付卫东，范先佐.《乡村教师支持计划》实施的成效、问题及对策——基于中西部 6 省 12 县（区）120 余所农村中小学的调查 [J]. 华中师范大学学报（人文社会科学版），2018（1）：163-173.

②王东侠. 乡村小学教师"全科"培训的必要性及策略研究 [D]. 安庆师范大学，2019.

③曹莉莉. 城乡融合视域下乡村文化振兴的路径研究 [D]. 陕西理工大学，2022.

工作体制机制尚未建立或有待健全，具体思政工作的任务无法明确，缺乏细致的量化考核标准，以及科学合理的评价机制和奖惩措施，这不但影响了思政工作者的工作积极性，而且降低了他们的责任感与紧迫感，致使农村思想政治教育工作难以取得实质性的进展；同时不完善的工作体制机制不能有效激发思政工作者"下乡""留乡"的动力，客观上加重了乡村思政人才队伍短缺的状况。

二、乡村文化建设主体缺失

世代扎根于乡村的农民不但是乡村故土的守护者，而且是乡村文化的守护者，他们对乡村有着特殊的情感，是最熟悉和最爱惜乡村的人。因此，他们理应成为家乡文化建设的主体。但随着城镇化进程的加快，许多村庄演化成了"空心村"，造成乡村文化建设队伍主体匮乏，具体表现在以下几方面。

（一）内生性文化建设主体缺失

理念是行动的先导，农民自身主体性的觉醒是农民自觉开展文化建设的前提。但长期以来，我国的乡村文化建设都是在政府的主导下进行，形成了农民群体对政府的依赖性。同样根据曹莉莉的调查结果显示，有 39.1% 的村民认为乡村文化建设的任务应当由政府承担，有 33.2% 的村民认为应由村两委承担，只有 11.4% 的村民认为这一任务应该由农民自己承担。[①] 这表明乡村文化建设存在主客体倒置的现象，同时也说明农民参与文化建设的热情不足、主体意识未得到充分激发。另外，农村人口的外流在客观上造成了农村文化建设主体的短缺。出于生存与发展的需要，大批农民离开"生于斯，长于斯"的农村，涌入周边的小城镇或大城市谋求生活。《中国人口和就业统计年鉴 2020》公布 2019 年我国农村常住人口约为全国总人口的 35.7%，外出务工的青壮年多为1 "80后""90后"，占农村人口的 63.2%。[②] 青壮年是乡村建设的体力与智力主要担当者，他们的离开使乡村建设的任务落在留守妇女、儿童以及老人的身上，而这些留守者的受教育程度普遍较低、精力体力有限，难以承担起乡村文化建设工作的任务。

（二）外源性文化建设人才不足

乡村文化建设是一项具有长期性与系统性的复杂工程，不仅需要农民主体力量的发挥，也需要相关专业人才强有力的智力支持，为乡村文化建设提供强大的动能。然而在现实情况中，由于乡村相对落后的生活条件、简陋的工作环境、较低的工资福利待遇以及较

---

①曹莉莉.城乡融合视域下乡村文化振兴的路径研究［D］.陕西理工大学，2022.
②国家统计局人口和就业统计司.中国人口和就业统计年鉴 2020［M］.北京：中国统计出版社，2020：154.

为有限的职业发展前途等问题，使得各方面的专业人才流入乡村的意愿较低，这其中自然也包括了教育人才和文化人才，即便部分具有专业能力和高素质的文化人才通过国家程序性选拔进入到乡村，如大中专院校文化下乡、教育扶贫、对口帮扶等工作，但经常被看作是过渡性的工作，长久留在乡村的意愿较低，导致乡村文化建设骨干力量长期处于虚弱、不稳定的状态。

三、乡村传统文化资源流失严重

乡村作为人类文明产生的发源地，是人类生产与生活最原始的容器，我国土地广袤，在不同的地理环境中孕育出了数量庞大、特色各异的乡村，它们分布在我国的各个区域，并在农民的长期历史生活与生产实践中，形成了"十里不同风、百里不同俗、千里不同情"的乡村文化奇观，蕴藏着丰富的优秀传统文化资源，然而这些传统文化资源当前面临许多困境。

（一）农民对传统文化资源的保护意识较弱

在世代传承下来的乡村中散落着许多文化碎片，它们内容丰富、形式多样，有的以物质的形式表现出来，例如，建筑、饮食、服饰、生产工具、交通工具等有形文化；有的以非物质的方式呈现出来，例如，音乐、舞蹈、绘画、刺绣、剪纸、竹编等艺术文化；有的以民俗制度的形式表现出来，例如，民俗节日、乡规民约、家风家教、婚丧嫁娶等礼俗文化，它们是农民生产生活方式、生活价值与理念、生活态度与情趣的生动反映，是中华优秀传统文化的重要组成部分，在时代当下仍然具有重要的价值。然而当地的村民受文化水平与生活惯性的影响，并未充分意识到这些文化资源的内在精神价值。据曹莉莉的调查结果显示，在经济利益的导向下，有约38.7%的农民选择会出于对经济价值的考量而做出是否保护的决定；并且在村民当中存在拆毁具有文化价值的古老建筑、贩卖文物的现象，不少传统手工艺面临后继无人的境遇，许多原始文化资源被浪费、破坏。[1]

（二）传统文化资源的物质保障力不足

对于各种类型传统文化资源的保护都离不开充足的物质作为保障，无论是文化资源的收集、整理，以及集中管理，还是对于文化资源的创新和运用，都需要人力、物力、财力作为保障。然而我国许多地区因为缺少足够的物质条件支撑，使得乡村文化资源的保护力度不足，许多文化资源不可避免地濒临消失。同时，与城市相比，农村的经济无论在发展

---

①曹莉莉.城乡融合视域下乡村文化振兴的路径研究［D］.陕西理工大学，2022.

水平还是发展速度方面，都相对滞后，村庄内部所创造出来的财富更多地投入于物质的建设与发展之中，因而在这种经济条件下，用于文化建设的资金只占少部分，不少村民认为村庄文化建设最大的困难是缺乏资金。虽然近年来国家在大力扶持乡村，为乡村建设提供了许多人力、物力、财力，但由于我国乡村基数大、资金缺口大，因此乡村传统文化资源的保护与传承在短期内无法取得显著的成果。

（三）传统文化资源的活化度与创新度有待提升

只有当文化为人们带来一定的价值时，它才能引起人们的注意，成为人们生活的一部分。传统文化资源与人们生活的关联度、自身的创新程度，以及对人的吸引程度，都与传统文化资源自身的命运息息相关。根据曹莉莉在陕西农村调查的结果显示，有43.8%的村民认为村庄的传统文化资源在一定程度上能带给他们生活乐趣，有35.7%的村民则认为村庄的传统文化资源与自己的生活关系不大，只有20.5%的村民认为村庄的传统文化资源在很大程度上能带给他们生活乐趣。[①] 之所以产生这样的结果，其中一个重要的原因就是这些传统文化资源在内容或形式方面处于高悬状态，未能充分随着时代进步、群众的需要而做出相应的创新和转化，与农民的生活实际产生密切的联系，带给人们经济上或精神上的价值，因而逐渐淡出人们的视野，被世人遗忘。

四、乡村公共文化服务质量有待提升

乡村公共文化服务是以全体村民共同的文化需求为出发点，为乡民提供适宜的公共文化产品和服务的社会活动。近年来，在党和国家的高度重视下，我国公共文化服务体系建设取得了重要成就，在国家整体带动下，农村的公共文化服务建设也取得了较为明显的成效，但相较于城市而言仍有许多不足。[②]

（一）公共文化基础设施建设相对滞后

2020年我国脱贫攻坚取得了全面胜利，物质生活水平得到提升，农民对精神文化生活有更高的诉求，而精神文化生活的满足离不开文化基础设施的建设，文化基础设施的现代化水平关系到农民的精神文化生活的现代化水平，进而影响到农民的现代化。当前，我国电子产品的普及率大幅提升，网络覆盖率在全国范围内已经超过98%[③]，人们所能获取的

---

①曹莉莉. 城乡融合视域下乡村文化振兴的路径研究 ［D］. 陕西理工大学，2022.

②中共中央关于制定国民经济和社会发展第十四个五年规划和二○三五年远景目标的建议 ［J］. 教学考试，2021（7）：73.

③工信部. 2020年全国行政村4G覆盖率超98% ［EB/OL］. https：//www.sohu.com/a/308562906_ 128075.

信息量、知识量更加庞大，渠道更加灵活便捷，内容更加丰富，因此传统旧式的文化获取方式逐渐被人们淘汰。然而当前大部分村庄内部的文化基础设施仍然以传统旧式为主，如农家书屋、文化活动室等，大都未融合现代网络信息技术，实现数字化、智能化，村民获取信息、学习文化的渠道未被显著拓宽；并且提供的信息和知识内容也较为陈旧，不能及时、充分地满足群众的需求，公共文化产品与服务的效率较低。

（二）公共文化供给与农民文化需求对接不够精准

随着我国社会生产力的不断发展，农民闲暇时间增多，对精神文化生活也提出了更高的期待。他们渴望新奇，期望与社会流行元素密切接触，跟紧时代的潮流。因此，若要建设令农村居民满意的文化，就必须从农民的需求入手，充分了解他们的需要，根据需要来提供有效的文化产品和服务。然而从当前农村现有公共文化设施及利用情况来看，乡村公共文化设施的利用率较低，反映出文化供给与需求对接不够精准。政府和村两委在提供文化产品和服务时，更多地是依据自上而下的政策指示，无论是提供的公共文化产品，还是组织的集体文化活动都趋于同质化，缺乏个性化和差异化，对于农民的真实精神文化需要了解深度不足，因而难以满足守乡者的实际性需要与多样化的精神文化需求，同时也容易造成公共文化资源浪费。

五、乡风社会风气有待改善

乡风作为乡村文化的核心要素之一，是乡村文化建设的重要内容。当前随着国际交往的日益深入以及市场化、城市化进程的加快，乡村传统的思想道德体系遭到了冲击，同时乡村内部的一些不良思想道德并未根除，影响着乡村良好风气的形成。

（一）乡村传统美德遭到冲击

乡村的传统美德是农民实践经验的总结，并经过历史的洗礼与沉淀而形成的道德遗产，在调节人与人、人与社会、人与自然的关系中发挥着重要的作用，勤劳勇敢、艰苦奋斗、勤俭节约、崇德向善、团结邻里等都是乡村传统美德的代名词。然而这些传统美德，经过城市化、市场化的"洗礼"，逐渐失去了生存的根基。据曹莉莉在陕西农村的调查结果显示，有54.3%的人认为邻里关系比以前更为陌生了，特别是年轻一代；当个人利益与集体利益发生冲突时，依然有11.7%的人选择优先保证个人利益，有32.7%的人选择视情况而定。① 出现这种情况，与市场经济影响下功利主义、拜金主义、个人主义、享乐主义

---

① 曹莉莉. 城乡融合视域下乡村文化振兴的路径研究 [D]. 陕西理工大学, 2022.

等思想的渗透密切关联；同时留守人员较弱的文化甄别力使乡村社会的思想道德根基被动摇，造成传统美德日渐式微，"人际交往附带了商品属性，朝着利益化发展，为了利益和好处，道德感、羞耻感、荣辱感正在逐渐褪去"①。

（二）乡村固有陈规陋习余灰未尽

随着国家经济实力的增强，广大农村地区的经济得到了发展，农民的收入不断增长，物质生活水平得到了大幅提升，然而农民的思想道德水平却未及时跟上经济发展的步伐，一些不良风气和陈规陋习依然存在，阻碍着乡村社会的进步。由于农民较为单调的精神文化生活，以及相关监督管理机制的不够完善，使得农村的一些不良风气依然存在于部分群体中间，或为借机取财，或为满足虚荣心，婚丧嫁娶大操大办之风、攀比之风屡见不鲜，铺张浪费现象时有发生，甚至还存在一些低俗涉黄的违法行为。与此同时，一些封建思想、迷信思想依然时有发生，例如生病不找医生而找司婆巫神，升学求职结婚生子要去烧香求神算卦，这些不良思想道德非常不利于农民良好精神风貌的形成，也不利于文明乡风、良好家风、淳朴民风的形成。

第三节　城乡融合视域下乡村文化振兴的路径

一、发挥党的思想引领力，保证乡村文化的正确方向

习近平指出："意识形态决定文化前进方向和发展道路"②，这实际上表明了思想政治教育工作对于文化引领的重要性。农村的思想政治教育工作在任何时期都是我党的一项重要工作。进入新时期，随着生活方式的转变，农民的价值观念也发生了很大的变化。因此，农村的思政工作也要因时而变，必须坚持以党的思想和意志引领农村社会的思想和文化，以共同的奋斗目标和思想意志凝聚力量，牢牢占领农村意识形态主阵地，守住农村意识形态安全防线。

（一）强化党的理论武装

强化党的理论武装，是党做好农村的思想政治教育工作的基础。广大农村党员干部要

———

①乔惠波. 德治在乡村治理体系中的地位及其实现路径研究 [J]. 求实，2018 (4)：88-97，112.

②习近平. 决胜全面建成小康社会　夺取新时代中国特色社会主义伟大胜利——在中国共产党第十九次全国代表大会上的报告 [J]. 奋斗，2017 (20)：1-22.

— 118 —

把学习好、掌握好马克思主义理论作为看家本领，增强理论学习的自觉性，积极主动研习马克思主义经典著作、党的思想理论，从中汲取经验智慧，用马克思主义中国化最新理论成果武装头脑。并不断提升理论武装的有效性、科学性、针对性，提升用马克思主义的立场、观点、方法观察和解决问题的本领，推动实际工作取得成效。其次要坚持理论创新，发挥农村党员干部"关键少数"的"领头雁"作用，发挥好"以上率下"的表率示范作用①，敢于突破、带头创新，根据不断变化着的实际情况，拓宽工作思路和眼界，善于总结经验教训，推动理论创新和实践创新，与时俱进地丰富和完善党的思想理论体系，筑牢党的理论根基。

（二）增强党的思想传播力

党创造的新思想、新理论、新观念传播力度越强、范围越广、程度越深，党的思想引领力就越强。要增强党的思想在农村的传播力，首先要提升马克思主义思想的转化力，探索思想理论的传播规律，遵循话语表达规律，以生动形象、言简意赅的形式推进党的思想理论走入乡村，走进农民，科学地解读党的思想理论，旗帜鲜明地批判各种错误思潮，澄清模糊思想，形成正确的认知，让党的理论真正入耳、入脑、入心。其次要创新党的思想理论传播方式，要运用好现代化的宣传手段，发挥微信、微博、电视、广播、网络媒体的作用，以农民群众的文化价值诉求为出发点和落脚点，与人民同呼吸、与时代共进步，积极宣传党的主张、反映群众呼声，凝心聚力，从而引导农民树立符合社会主流思想文化的价值观。最后要做到持之以恒、久久为功。思想政治教育工作的根本任务是立德树人，这是一项长期工程，不可能一蹴而就。因此，党员干部必须树立起长期意识，做好长期规划，发挥坚持不懈的精神，有条不紊地推进党在农村的思想政治教育工作。

二、加强基层党组织建设，夯实乡村文化建设的组织基础

习近平指出："办好农村的事，要靠好的带头人，靠一个好的党组织。"② 乡村振兴，基础在基层，落实在基层，基层党组织要负好领导责任。农村基层党组织作为我党最基本的组织单元，是党在农村实施开展路线、方针、政策的具体实践者，它的一端连接着党组织，一端连接着广大农民群众，是密切党和群众血肉联系的纽带，是开展整个农村工作的关键力量，它的执行力和战斗力在很大程度上决定了一个乡村的发展前途。"打铁还需自身硬"，只有加强农村基层党组织的自身建设，才能为繁荣乡村文化提供强有力的组织

---

① 刘先春，王帅. 新时代增强党的思想引领力的价值意蕴及实践进路 ［J］. 湖北行政学院学报，2021（5）：89-96.

② 中共中央党史和文献研究院. 习近平关于"三农"工作论述摘编 ［M］. 北京：中央文献出版社，2019：55.

保障。

(一) 转变基层干部的工作理念

理念是行动的先导，指导着行动的方向。乡村基层党组织作为乡村建设的火车头，是统领农村社会全方位发展的主导力量，其工作理念和发展观念直接影响着农村社会的发展速度和发展程度。因此，乡村基层干部必须胸怀全局、登高望远，以先进的发展理念来研究制定工作规划，以科学的方法、策略推动农村各项工作的开展。在乡村精神文化建设方面，既要着眼长远，又要立足当前实际，建构符合乡村文化底蕴、文化心理的文化样貌。面对部分乡村基层党组织重物质经济建设轻精神文化建设，以及对于政策落实的僵硬化、不接地气等问题，必须要从思想理念上入手，改变不符合时代进步要求和人民需求的服务内容和方式，坚持求真务实的工作作风，提高工作实效。可以通过邀请专家学者报告、乡镇交流座谈会、上级政策宣讲会、集体培训，以及自主学习等途径，学习新的理论知识，准确理解政策文件，更新思想观念、提高思想站位，将政策理论与乡村实际相结合，从而探索经济工作与文化建设共同发展的科学路径，促进乡村物质文明与精神文明协调发展。

(二) 加强乡村基层党组织干部队伍建设

人才队伍是实现乡村振兴的重要引擎，基层党组织人才队伍建设是推动农村推动乡村工作目标实现的关键，必须加强乡村基层干部的人才队伍建设，构建发现、储备、培养农村基层党组织带头人的全链条机制[①]，打造优秀的人才干部队伍，充实基层党组织的力量。一方面，要完善政策制度，积极探索人才引进的途径，通过优化人才引进条件，提供发展机遇，吸引人才下乡进村，为基层党组织注入新鲜血液；与此同时，要规范组织内部选人用人程序，按照"德才兼备、以德为先"的用人导向，全方位、多角度考察后备人选，选出党组织放心、群众认可的好干部。另一方面要建设好人才资源储备库，做好乡村干部人才培养长期规划，可以从本村的致富能手、外出务工经商返乡人员、本乡本土大学毕业生、退役军人等群体中培养党员[②]，纳入乡村干部后备人才库，打造一支"懂农业、爱农村、爱农民"的党建工作队伍。

(三) 加强乡村基层党组织的能力建设

首先，要不断加强乡村基层党组织建设，把乡村基层党组织建设摆在突出的位置，提

---

①黄德锋. 乡村振兴视阈下农村基层党组织带头人队伍建设研究 [J]. 党政干部学刊，2021 (7)：10-15.
②中国共产党农村基层组织工作条例 [J]. 农村工作通讯，2019 (2)：5-10.

升党员干部的培训、管理与监督力度，把实施乡村振兴战略作为培养锻炼党员干部的平台，调动和激发党员干部积极投身乡村振兴的伟大实践；同时要强化"领头雁"工程建设，抓好支部书记这个少数，强化村两委班子力量，帮助群众解决实际困难，维护群众的正当利益，把群众紧紧团结在党的周围，"成为宣传党的主张、贯彻党的决定、领导基层治理、团结动员群众、推动改革发展的坚强战斗堡垒"[①]。其次，基层党员干部要善于将理论与实际结合，提升工作本领，不能为了落实政策而落实政策，要善于从工作中发现问题，坚持问题导向，深入思考、分析问题，不盲干蛮干，保持头脑冷静，调查翔实、论证周密，遵循事物发展的本质和规律，具体问题具体分析，将政策的落实建立在农民群众的真实需求基础之上，使政策落地生根，更好地发挥其实际效用，造福于民。

（四）加强乡村基层思政工作的制度建设

制度建设是实践工作的基本遵循，它具有明确性、强制性、稳定性、平等性等特点，是提升工作效能的重要手段。提升乡村基层思政工作的实效性，必须加强顶层设计，建立健全乡村思政工作的规章制度。首先，要明确乡村思想政治教育工作的主题，在坚持现有的根本政治制度和基本政治制度的基础上，坚持将法治思维与政治思维相结合，立足于乡村实际与时代要求，搭建完整的思政工作制度框架体系。其次，在整体框架体系之下，根据根本性、基础性、重要性等不同层级维度，对思政工作进行分类，如选人用人、绩效考核、福利待遇标准等，遵循稳慎、精细的原则，通盘考虑、因地制宜，渐次推进具体思政工作规章制度的建立和完善。最后，规章制度一经形成，就要严格遵守。坚持制度面前人人平等，维护规章制度的严肃性和权威性，坚持用规章制度管人用人，增强干部的责任感和紧迫感，激发基层思政工作者的活力、调动他们的工作积极性，使做好乡村思政工作成为基层干部的自觉行动。

三、以社会主义核心价值观为引领，加强乡风文明建设

思想道德作为文化的重要内容，关系到个人的全面发展、家庭成长、社会进步，对于乡村社会的良好精神风貌的形成具有重要意义。以社会主义核心价值观为引领，提升农民思想道德品质，培育新时代文明乡风，是乡村文化建设的题中应有之义。

（一）建构以社会主义核心价值观为主干的乡风文明规范

我国从古至今都是一个农业大国，耕读传家是中华文明世代延续的伟大智慧，农村是

---

①中国共产党农村基层组织工作条例［J］．农村工作通讯，2019（2）：5-10.

中国传统文化生长的沃土，在长期的历史发展中，农村孕育积累出了大量的优秀思想道德文化资源，它们是中华优秀传统文化的重要组成部分，也是中华优秀文化成果的代表之一。在当前，社会主义核心价值观是我们共同的精神价值追求，是我们评判是非曲直的最新标准。社会主义核心价值观根源于中华优秀传统文化，吸收了中华优秀传统文化的精髓，蕴含了中华传统文化的优秀基因，是中华优秀传统文化的时代化成果。因此，社会主义核心价值观与乡村传统思想道德文化资源在情感与内涵上有着共通之处。通过深入挖掘乡村家风家训、乡规民约等传统道德文化资源，将社会主义核心价值观巧妙地融入其中，以此逐步确立起以社会主义核心价值观为统领的乡村价值规范，使之成风化人，在滋养人们心灵的同时，使人们成为社会主义新道德的自觉践行者。

（二）增强主流价值观的影响力

事物发挥作用的前提是基于人们对它的认识。要提升社会主义核心价值观的感召力和影响力，则必须通过各种渠道让它出现在人们的视野之中，让人们认识它、了解它、接受它。在全社会大力弘扬社会主义核心价值观，可以通过学校教育、家庭教育、先进模范示范、舆论宣传、阵地建设、新时代文明实践中心、县级融媒体等途径，把社会主义核心价值观植入到人们生活的方方面面，拓宽社会主义核心价值观受众面，让农民群众在潜移默化接受新思想、新道德的洗礼，从而使社会主义核心价值观内化于心。在此基础上，明确社会主义核心价值观是当代衡量道德行为的最新准则，利用它来增强人们对于是非曲直的分辨能力，树立正确的思想价值观念，自觉抵制拜金主义、享乐主义等不良思想倾向，将社会主义核心价值观外化于行。

（三）培养形成良好的道德行为习惯

实践是认识的目的和归宿，只有将思想理念转化为行为实践，才能真正发挥其价值功效。可以以乡村各种集体性活动为载体，深化以社会主义核心价值观为主导的新思想、新道德的培育和践行；可以通过文明家庭、文明单位、文明村镇等群众性创建活动，促进个人品德、家庭美德、职业道德、社会公德的提升；充分发挥村规民约、道德评议会、红白理事会的作用，推进农村移风易俗，破除铺张浪费、人情攀比、封建迷信等不良风俗；通过当地的民俗节日、民俗活动广泛开展群众性主体活动，丰富群众的精神文化生活，增强人们的道德体验，增进道德情感①，从而提升践行主流价值观的自觉性。还要德法并举，以法治保障道德精神的践行。要推动社会主义核心价值观融入乡村法治建设，以法律制度

---

①中共中央国务院印发新时代公民道德建设实施纲要［N］.人民日报，2019-10-28（001）.

承载道德理念，将道德要求体现在立法、执法、司法、守法的全过程，以法治明确道德导向，引导人们崇德向善，从而自觉践行社会主义核心价值观，形成良好的乡村精神风貌。

四、加强农民的教育培训，建设乡村文化建设主体队伍

社会的一切物质财富和精神财富都是人民群众创造的，乡村文化要想从根本上取得发展，就必须解决好人的问题，培育新时代职业农民。"爱农业、懂技术、善经营"是新型职业农民应具备的基本素质。新型职业农民不仅要具备农机操作、种植、养殖、政策市场信息获取、经营管理等专业技能，为乡村经济发展筑牢基础，而且要具备法律常识、文化知识、乡土情怀等方面的人文素养，有扎根乡村、服务乡村的持久信念。培育新型职业农民，要从思想到实践、从形式到内容上形成一套系统完善的培育策略。

（一）扭转人们对农民的职业偏见

对于农民职业的偏见在很大程度上阻碍着人们选择农民这一职业，因此，必须从思想上扭转这一观念，教育和引导人们树立正确的职业观。首先在开展职业宣传教育的过程中，要充分融入乡村优秀传统文化资源、乡村情感的内容，通过激发人们对于乡村生活的回忆，产生情感共鸣，唤醒人们的乡土情怀，使人们不但对乡村抱有感恩之心，而且增强人们服务乡村的意愿，从而为新型职业农民的培育建立基础。其次要重建人们对于农业生产的信心，通过实际数据比对传统农业投入产出与实施现代化技术手段后农业投入产出之间的差距，让人们切实地体会到现代农业生产收益的向好态势，增强人们的务农信心，激发农民学习现代农业生产技术的兴趣，提升务农的积极性；可以宣扬身边农民致富的案例，发挥优秀典型的作用，号召更多的人参与到职业农民队伍中来。最后是要增强对于职业农民的认同感，可以将乐于回乡成为职业农民的高学历人才、成功人士等编入典范案例册，向群众展示现代农业的吸引力，使人们感受到新型职业农民与其他职业之间的平等性，从而增强职业认同；还可以邀请创业成功的新型职业农民讲述亲身经历，从实在经济收益的角度来增强职业认同，让人们自觉摒弃以往对农民的职业偏见。

（二）建立并完善新型职业农民培育体系

完善的新型职业农民培育体系是职业农民稳定、发展、壮大的重要保障。要以"谁培养""培养谁""怎么培养"为逻辑主线，明确主体责任，建立一套系统完整的新型职业农民培育体系。在"谁培养"的问题上，要构建以政府为主导，各种社会组织和教育培训机构为主力（包括高校、中等职业院校、农校、农民业余学校、职业教育机构等），其他社会专业人士共同参与的培育力量体系，形成强大的培养合力，共同驱动培养体系高效运

转；在"培养谁"的问题上，要秉持开放性、包容性、社会性的理念，将不同年龄、不同职业的群体（如现存务农人员、大学生）纳入培育范围，成为培育对象，从而壮大职业农民培育的基础队伍；在"怎么培养"的问题上，应当以农民的差异化需求为出发点，秉持实用性、人文性、教育性的理念，积极探索多种灵活的培育形式组合，在为农民提供知识层面与技术层面的指导和帮助同时，提升他们的基本道德素养，例如课堂讲授与实地指导相结合、实践操作与理论教学相结合、短期培训与长期教育相结合、集中教学与分散培训相结合、传统培训技术与现代信息技术相结合等等，从而提升培育的质量与效能。[①]

（三）以制度和法律为新型职业农民保驾护航

制度和法律是维护职业农民合法权益坚实的盾牌，不但可以增强职业农民的抗风险能力，而且能够提升职业农民的信心和底气。首先官方层面要明确新型职业农民的定义，对这一职业予以积极的肯定，提升其社会地位，从而转变人们对农民的传统认知，在思想观念中重新定位农民这一职业。[②] 在此基础之上，建立和完善新型职业农民资格认定制度，这也是扭转农民职业偏见的关键一招，可以将农业职业划分为学徒工、初级、中级、高级等不同的等级，颁发相应的资格证书，对相关的从业人员实施认证前、认证、认证后的动态监测管理体制，按照一定的标准定期或不定期的进行考核与评估，并采取相应的奖罚或整改措施。其次是完善新型职业农民扶持的长效机制，要在现有相关扶持政策的基础之上，主要通过税收优惠、农业补贴、专项贷款、农业保险、土地流转等途径为新型职业农民提供长期性的扶持，并依靠相关法律的确立来保证政策的有效实施，还要加强新型职业农民的医疗、养老等社会保障，优化社会保障环境，预防和避免新型职业农民脱离队伍。通过以上措施来培育和留住新型职业农民，强化乡村文化建设的主体队伍。

五、推动城乡要素双向流动，强化乡村文化建设的要素支撑

在乡村文化建设中，资金和人才要素是两大核心要素，但由于历史与现实原因，城市占据了社会的绝大部分资源，乡村的资源则相对匮乏，这也是乡村文化难以取得较大发展的重要原因，因此必须打破这种资源要素不协调、不对等的局面。2020年脱贫攻坚取得了全面胜利，当前，巩固拓展脱贫攻坚成果与乡村振兴有效衔接正在有序推进，为推动城乡要素平等交换、双向流动提供了有利契机。

（一）推动农村资金回流

首先要健全乡村文化金融支持体系。通过发展普惠金融，推进银行、信用社等金融机

---

①颜日红.涟源市新型职业农民培育问题研究［D］.湖南农业大学，2020.
②赵家兴.河北省新型职业农民培育问题研究［D］.河北科技师范学院，2021.

构设立专门的乡村文化支持专项资金，创新农村金融产品和服务，优化农村支付环境，利用政策工具支持和鼓励金融资源更多地流向乡村，服务于乡村文化建设。其次要健全财政支持体系。加大公共财政资金向乡村文化倾斜的力度，增加文化方面的财政支出，优化农村基础设施建设和公共事业服务，优化乡村营商环境，"撬动其他金融和社会资本更多地投向乡村"①，从而为更多资金投入文化建设提供可能。同时要加强对财政资金的监督和管理，提高其使用效率，确保资金及时足额地投入到相应的目标任务当中。最后要拓宽农村资金的筹集渠道。要积极鼓励各地灵活地盘活各类存量资源，特别是要发挥农村土地资源的优势，"调整完善土地出让收入使用范围"②，实现农村土地市场化配置，吸引社会资本投入到乡村产业、服务业、基础设施建设中来，从而为文化建设提供雄厚的经济基础。在社会资本注入乡村的同时，要把握好准入关与风险控制关，在尊重市场规律的前提下，加强社会资本运营的监督与管理，把控好投资的节奏与风险，做好必要的兜底措施，确保社会资本更好地服务于乡村文化建设。

（二）推动人才向农村流动

一是要建立合理的人才引进机制。以城乡融合为契机，建立城乡人才流动长效机制，持续通过"三支一扶"、特岗教师计划、高校毕业生基层成长计划等，畅通城乡人才流动渠道，引导有知识、有文化的青年人才下乡，并在此基础上继续探索拓宽人才引进渠道，如设置各类创新创业项目、杰出人才计划、交流轮岗等，鼓励更多的文化科研人员支持和服务于乡村，为乡村文化建设打造一支实用的专业人才队伍；要以人才需求为导向，建立城乡、区域、校地之间人才培养交流合作机制，增强优质学校的辐射带动力，积极利用地方高校、职业院校等教育培训资源，通过灵活设置专业，创新文化人才培养模式，培养一批服务于乡村的文化能人、非遗传承人；可以以乡情乡愁为纽带，鼓励社会各界人才以担任志愿者的方式，定期或不定期地投身于乡村文化的建设与服务中，为乡村文化建设提供助力。

二是要健全人才激励机制。为了确保人才能够长期、高效地服务于乡村，还需要做好相应的服务与激励工作。要创设人才成长所需的外部生活环境，推动城乡基础设施互联互通，加强农村公路、供水、供气、环保、物流、信息等基础设施建设，促进生活的便利化，满足人才工作与生活必备的硬件条件设施与环境；同时，要打造人才发挥才干的空间与平台，为人才展示才能、凸显价值提供机会；要逐步提升一线文化人才的工资水平、福利待遇，以及社会保障水平，并建立公开、透明的人才评价体系，创设明确、公平的晋升渠道，让人才看得见希望，找得准方向，从而明确自身职业发展规划，增强返乡、留乡的

①中共中央 国务院关于全面推进乡村振兴加快农业农村现代化的意见 [J]．畜牧产业，2021（3）：5-12.
②中共中央 国务院关于全面推进乡村振兴加快农业农村现代化的意见 [J]．畜牧产业，2021（3）：5-12.

信心，让他们以更饱满的热情与积极性投身于乡村文化事业。

六、加强乡村文化资源保护管理，继承发展乡村优秀传统文化

在长期的历史发展进程中，乡村积淀出了厚重的文化财富，它们是沟通民族共同情感的桥梁、凝聚思想共识的纽带，是中华文化瑰宝，对于国家和民族的延续与发展有着重要意义。因此，必须竭尽全力保护好、传承好这些宝贵的文化资源。

（一）制定明确的乡村传统文化资源保护管理规划

凡事预则立，不预则废，在乡村传统文化资源保护工作开展之前，必须设计明确的规划来为其提供方向指引与方法指导。可以从纵向与横向两个维度入手，建立立体化的保护管理规划与相应的体制机制。从纵向上来讲，要建立与国家发展进程相一致的长期规划、与具体实际情况相适应中期规划，以及易于操作的近期规划，且三个层次的规划之间能实现自上而下的层层深入、自下而上的层层拓宽，形成上下贯通，层层嵌套的管理规划格局。从横向上来讲，乡村传统文化资源保护管理涉及许多不同的部门，财务部、文物处、艺术处、旅游部、宣传部等等，因此要形成各部门协同参与的保护管理格局，并理顺相关部门的职责分工，在此基础之上，各部门要"结合自身职能定位，明确工作思路，细化政策举措，主动对表、积极作为"[①]，肩负起自身的工作职责，从而共同推动规划的顺利实施。

（二）加强乡村传统文化资源的挖掘与开发

地方政府要转变以往重物质轻文化的乡村建设理念，将文化建设列为一项重要工作内容。首先要建立健全乡村文化资源管理的体制机制，通过组织乡村文化工作队伍，深入实地盘清当地现存的文化资源禀赋，贯彻"保护为主、抢救第一"的工作方针，对破损、残缺的文化遗产进行修补、复原，并进行整理、归类，根据传统文化资源的不同形式与内容特点，深入挖掘其中蕴藏的多重价值，展现传统文化的魅力。其次要制定好开发细则，处理好开发与利用的关系，纠正以往"重申报、轻管理""重开发、轻保护"的做法，划定历史文化开发保护红线，完善乡村传统文化资源相关法律法规和开发管理条例，坚决杜绝违规开发，惩处肆意破坏乡村文化遗产的行为，从而留存好前人留给我们的宝贵文化遗产。

---

①学习贯彻习近平总书记在中央人大工作会议上的重要讲话和会议精神［N］. 人民日报，2021-10-16（001）.

（三）推动乡村优秀传统文化创造性转化与创新性发展

文化的生命力在于创新，乡村优秀传统文化要想在新时代大放异彩，则必须"立足乡村文明，吸取城市文明及外来文化优秀成果，在保护传承的基础上，创造性转化、创新性发展，不断赋予时代内涵、丰富表现形式，为增强文化自信提供优质载体"①。

一是要赋予乡村传统文化时代性内涵。乡村传统文化对以往人们的生产生活具有重要的影响和价值，进入新发展阶段，乡村传统文化也应顺应时代潮流与人们生活实际，在保留其精髓的基础上，与现代先进文化相对接，结合马克思主义中国化最新成果、融合新时代中国特色社会主义的精神价值，合理吸收城市文化、国外文化等外来文化的优秀成分，使其内涵不断丰富、境界不断提升。

二是要丰富乡村传统文化的表达形式。现代网络信息技术的飞速发展与数码产品的广泛运用，为乡村优秀传统文化的多样化表达提供便利的条件。可以通过音频、动漫、微视频、云观展等现代化传播媒介，创新乡村优秀传统文化的视听表达，让它们以新颖独特的方式呈现出自身应有的独特文化魅力，从而博得大众的喜爱与支持，在提升文化影响力的同时也可以增强人们的文化自豪感与文化自信。

三是要推动乡村优秀传统文化与现代产业相融合。要立足当地特色文化资源，架设起文化与产业的桥梁，可以开启"文化+旅游"模式，将乡村文化中农具、民居、历史建筑等物质景观，以及饮食、民俗、手工艺、节庆等非物质文化遗产与现代旅游业相结合通过旅游产品的设计与开发，吸引外来游客，在产生经济效益的同时，推动乡村优秀传统文化的活化与创新；还可以开启"文化+数字"模式，在深入挖掘乡村传统文化元素符号的基础上，借助动漫游戏、网络文学、数字艺术、创意设计等新兴业态，开发年轻人喜欢的文创产品，不但可以使人们重新定位乡村优秀传统文化，使乡村传统文化得到重视，而且能够带动乡村经济增长，实现社会效益与经济效益双丰收。

七、构建社会工作参与的治理格局，助推乡村文化振兴

（一）推动乡村公共文化平台建设

乡村公共文化是乡村文化的重要组成部分。乡村公共文化服务平台建设应该成为乡村建设不可忽视的一环。过去，政府是农村公共文化服务唯一的供给主体，文化供给的渠道很单一；如今，乡村文化的供给主体开始由一元向多元化发展，但依然难以满足农村居民

---

① 乡村振兴战略规划（2018—2022年）［EB/OL］. https：//www.askci.com/news/chanye/20180927/0923071132939.shtml.

对公共文化服务需求日益增长的需要。由于较单一的文化供给，其结果之一是导致农村"私性"文化的发展与繁荣，不可避免地导致村民之间的关系出现"功利化""原子化"与"疏离化"现象，导致农村社会发展在精神上的"空心化"。[①]

社会工作推动乡村公共文化平台建设，应是在对乡村社区进行深入的需求调查基础上开展的，可在如下几方面发挥作用：一是在推动乡村公共文化平台的基础设施建设上发挥作用。如，呼吁和建议地方政府进一步加大财政投入力度，推进乡村公共文化基础设施的数字化、智能化，构建现代化乡村文化基础设施体系。二是营造公共文化活动空间，搭建公共文化活动平台。以村中的古祠堂、古树、古桥或废弃小学场地等打造成公共空间，活化一些老建筑，让其焕发新生。组建村里的广场舞队、合唱队、篮球队等等，将上级的行政诉求和村民的兴趣爱好结合，推动乡村公共文化平台建设及公共文化活动的开展。

（二）传承保护乡村优秀传统文化

乡村优秀传统文化的传承保护需要活动载体。社会工作参与保护传承，一是通过社区宣传进行优秀传统文化普及。乡村优秀传统文化需要融入生活，转化为村民的行为，才有意义。社会工作者可以借助一定的载体和抓手，通过开展村民参与的活动形式让村民对中华优秀传统文化中蕴含的价值观和道德规范等有更直接的认知并转化为行动。如通过一些主题活动、节日活动、社区学堂等，创新活动方式，让村民参与其中，展示乡村优秀传统文化的价值和文化魅力，引导村民形成良好的风尚，增强对优秀传统文化的认同。二是通过社区文化保育传承优秀传统文化。如社会工作者可走访村间的名流，了解村中的文化资源并提出保护建议，保护优秀文化的基因；亦可亲自策划活动，通过一定的活动方式培育村中文化传播大使、文化传承人等。相对于城市而言，乡村文化更具延续性和稳定性。乡村一些宗祠文化、家族文化较深厚的地方，往往有家族的世代名流。这些名流往往是农村社区精神文化的"领袖"。乡村社区优秀传统文化的保护传承，可通过拜访村间名流，积极推动该类群体参与社区文化传播。

（三）发掘活化乡村特色文化

不少农村地区依附本地的资源禀赋，有深厚的文化底蕴，并有其乡土特色文化。社会工作者可结合各地的实际挖掘当地特色文化，活化当地特色文化资源，打造"一村一品"的特色文化产业品牌。对乡村的非物质文化遗产、乡土特色浓厚的风俗及饮食文化等进行

---

① 陈成文，陈静，陈建平 . 市域社会治理现代化：理论建构与实践路径 ［J］. 江苏社会科学，2020（1）：41-50，8.

发掘并动员社区居民参与保护并创新性地开发利用。例如，广东绿耕社会工作发展中心（简称"绿耕"）十多年来深耕农村社区，秉持以人为本、公平正义、助人自助的社工精神，立足社区日常生活，尝试走出一条经济发展—社会互助—文化传承—生态良好的社区可持续发展的道路。为更好弘扬四川省雅安市庙坪村的民俗文化，促进该村的文化保育工作，增强该村的凝聚力，他们举办"生态年猪宴，情暖庙坪村活动"，还专门拍摄纪录片《杀年猪》。一些社工机构参与乡村非物质文化遗产的保护工作，社工通过社区工作方法，针对社区居民对社区内非遗保护意识淡薄、社区文化建设参与度低等问题开展社区工作。通过开展主题活动提升社区居民的文化认同感。

发掘活化乡村特色文化，还需考虑赋予社区文化中的商业发展价值。在挖掘文化内涵的同时，打造社区文化特色产品，提升社区居民的经济效益。

（四）培育乡村文化人才

乡村文化振兴需要建立一支有文化、有情怀、懂管理的乡村文化人才队伍。乡村文化人才队伍建设一方面依赖于上级政府派驻从事乡村文化组织管理工作的人才，另一方面社会工作者可以发挥培育乡村文化人才的作用。

社工参与培育乡村文化人才，一是组织乡村文化精英推动自组织发展，参与乡村文化活动。乡村文化人才可以不分年龄、性别。通过发掘和引导，培养村民的对乡村文化的感知力和对乡村文化的认同感、自豪感。可发掘和组织村中德高望重人士传承乡村民俗艺术文化，发掘和组织儿童青少年、村中妇女组成乡村文化景观导赏员，凝集乡村文化人才为乡村文化振兴献策出力。例如，广东省佛山市南海区大众社会工作服务中心社工在承担该区狮山镇璜溪古村社区营造项目中，联动村委、村民以编写口述史书、创建村史馆、创建导赏小组和文化节系列活动的方式来推动村子文化事务的发展，以内生力量进行推动，产生一定的社会影响力。二是开展培训提升村民的新媒介素养。据统计，如今的农村互联网普及率为 57.6%[1]，但这种普及率的提升与新媒体的素养之间并不是对等的关系。乡村数字化、文化技术化成为未来乡村文化发展的重要趋势。社工参与培育乡村文化人才，则可以连接外面的资源对乡村文化人才进行新媒介素养专题培训。通过新媒介素养培训，让科技为乡村文化振兴赋能。乡村文化振兴需要多元主体参与，社会工作参与乡村文化治理，是乡村文化治理走向现代化的雏形，也是实现乡村文化振兴不可忽视的一支力量。

---

[1] CNNIC. 2022 年第 49 次中国互联网络发展状况统计报告［EB/OL］. https：//finance. sina. com. cn/tech/2022-03-19/doc-imcwiwss6875143. shtml.

参考文献

[1] 龙文军. 乡村文化振兴的路径探索［M］. 北京：中国农业出版社，2022.

[2] 杨彦峰. 乡村旅游乡村振兴的路径与实践［M］. 北京：中国旅游出版社，2020.

[3] 国家统计局人口和就业统计司. 中国人口和就业统计年鉴2020［M］. 北京：中国统计出版社，2020.

[4] 中共中央党史和文献研究院. 习近平关于"三农"工作论述摘编［M］. 北京：中央文献出版社，2019.

[5] 曾蓉. 从文化视角探索乡村振兴的发展之路［M］. 北京：经济管理出版社，2019.

[6] 揭筱纹. 乡村旅游目的地环境生态性规划与管理［M］. 成都：四川大学出版社，2018.

[7] 赵皇根，宋炼钢，陈韬. 振兴乡村旅游理论与实践［M］. 徐州：中国矿业大学出版社，2018.

[8] 干永福. 乡村旅游概论［M］. 北京：中国旅游出版社，2017.

[9] 习近平. 之江新语［M］. 杭州：浙江人民出版社，2007.

[10] 夏林根. 乡村旅游概论［M］. 上海：东方出版中心，2007.

[11] 陈寿朋. 生态文化建设论［M］. 北京：中央文献出版社，2007.

[12] 唐代剑，池静. 中国乡村旅游开发与管理［M］. 杭州：浙江大学出版社，2005.

[13] 郭晓君. 中国农村文化建设论［M］. 石家庄：河北科学技术出版社，2001.

[14] 李泽，刘淑兰，钟霞. 乡村振兴视域下乡村生态文化的时代价值及实践路径［J］. 信阳农林学院学报，2022，32（1）：56-61.

[15] 中共中央关于制定国民经济和社会发展第十四个五年规划和二〇三五年远景目标的建议［J］. 教学考试，2021（7）：73.

[16] 黄德锋. 乡村振兴视阈下农村基层党组织带头人队伍建设研究［J］. 党政干部学刊，2021（7）：10-15.

[17] 李建军，王玉静. 基于文化IP赋能旅游文创产品开发研究［J］. 北方经贸，2021（5）：146-148.

[18] 沈宇峰，王舒阳．浅谈城市文旅发展视域下利用新媒体打造地域特色文化 IP［J］．文化产业，2021（31）：94-96.

[19] 缪芳．文旅融合背景下基于 IP 赋能的乡村文化振兴路径探究［J］．山西农经，2021（21）：21-22，25.

[20] 刘先春，王帅．新时代增强党的思想引领力的价值意蕴及实践进路［J］．湖北行政学院学报，2021（5）：89-96.

[21] 朱启臻．乡土文化建设是乡村振兴的灵魂［J］．河南农业，2021（8）：1.

[22] 陈成文，陈静，陈建平．市域社会治理现代化：理论建构与实践路径［J］．江苏社会科学，2020（1）：41-50，8.

[23] 范建华，秦会朵．关于乡村文化振兴的若干思考［J］．思想战线，2019（4）：86-96.

[24] 谢芹．基于文化 IP 的制造业品牌提升策略研究［J］．中国经贸导刊（中），2019（6）：87-88.

[25] 张赛，徐保风．习近平生态文明思想研究述评［J］．中南林业科技大学学报（社会科学版），2019，13（6）：7-14.

[26] 张娜，徐童，葛学峰．产业融合背景下"旅游+文化 IP"融合路径研究［J］．对外经贸，2019（10）：66-68.

[27] 李景平．IP 开发推动我国文化产业实现规模经济和范围经济［J］．齐鲁艺苑，2018（6）：103-108.

[28] 胡长生．习近平新时代"两山论"的思想内涵——学习《习近平新时代中国特色社会主义思想三十讲》体会［J］．中共天津市委党校学报，2018（5）：22-27.

[29] 乔惠波．德治在乡村治理体系中的地位及其实现路径研究［J］．求实，2018（4）：88-112.

[30] 付卫东，范先佐．《乡村教师支持计划》实施的成效、问题及对策——基于中西部 6 省 12 县（区）120 余所农村中小学的调查［J］．华中师范大学学报（人文社会科学版），2018（1）：163-173.

[31] 习近平．决胜全面建成小康社会　夺取新时代中国特色社会主义伟大胜利——在中国共产党第十九次全国代表大会上的报告［J］．奋斗，2017（20）：1-22.

[32] 刘骏，杨平均．IP 时代传统文化与影视产业的融合策略［J］．电影文学，2017（15）：26-28.

[33] 高玉敏，李荣菊，马亚敏．关于文化自觉的几点思考［J］．中共石家庄市委党校学报，2017（12）：36-38.

［34］王宏星，崔凤军．我国乡村旅游产品体系及其影响研究［J］．西藏大学学报（社会科学版），2005（1）：81-86，90.

［35］周玲强，黄祖辉．我国乡村旅游可持续发展问题与对策研究［J］．经济地理，2004（4）：572-576.

［36］厉无畏，王玉梅．论产业文化化［J］．科技和产业，2004（11）：8-12.

［37］曹莉莉．城乡融合视域下乡村文化振兴的路径研究［D］．陕西理工大学，2022.

［38］赵家兴．河北省新型职业农民培育问题研究［D］．河北科技师范学院，2021.

［39］颜日红．涟源市新型职业农民培育问题研究［D］．湖南农业大学，2020.

［40］刘佳莹．建国以来我国城乡关系的历史演变及现实思考［D］．辽宁工业大学，2019.

［41］王东侠．乡村小学教师"全科"培训的必要性及策略研究［D］．安庆师范大学，2019.